JN014774

DX沼からの脱出大作戦

1000社以上の問題を解決した
ITコンサルタント
今木智隆

ダイヤモンド社

はじめに

　最近お会いするクライアントのみなさんの多くが、やつれた顔をしていらっしゃいます。お話をうかがうと、不満が次々と飛び出します。

「DX、DXと上層部は呪文のように囃し立てるけれど、仕事が増えただけで売上はなかなか上がらない」

「DX推進を全社的に推し進めるのはいいが、それに見合った予算はつけてくれない」

「SNS運営やデジタル広告に人も予算も注ぎ込んでいるが、増えたのはクレームだけ」

　まさに流行りの「沼」にはまりこんでいるような状況です。「DX沼」に一度はまりこんでしまうと、どんなにもがいてもなかなか抜け出せないようです。

　これらの問題は、「DX」を行うことが目的になってしまっているところにあります。DXはあくまで目的を達成するための「手段」でしかありません。DXを行っただけですべてが薔薇色になるわけではないのです。

　私は2004年から足掛け20年弱、DXという言葉がない頃からデジタルの領域でR&D・開発・マーケティングなどさまざまな企業様と関わる機会をいただきました。その数は、気が付けば1000を超えています。

　我々がコンサルティングすることで、驚くほど業績が改善した企業はいくつもあります。それは何も最新の

高度な技術を使ったからではありません。基本的なことを丁寧に指導しただけです。

しかしその「基本」が抜け落ちてしまって、結果だけを求める経営陣のなんと多いことか。

そのことが本書執筆の出発点となりました。

かのピーター・ドラッカーも、企業の目的は顧客の創造、企業の第一の機能はマーケティングであると説いています。本来テクノロジーは顧客を開拓し、売上や利益をポジティブに伸ばすために活用されるべきものです。

本書では、さまざまなデジタルの「あるある」失敗事例を挙げながら、なぜそうなってしまうのか、どうしたら問題を解決できるのかをわかりやすく丁寧に解説していきます。

ECサイトやSNSの運営に携わっている現場の方、デジタル広告やデジタルマーケティングに関わっている現場の方はぜひご一読ください。

本書は疲弊する現場の方の味方になって、効果的なデジタル技術の使用法を明らかにしていきます。

もちろん、デジタルのことはよくわからないくせに注文ばかりつけている経営陣の方もぜひ読んでみてください。あなたの組織のどこに問題があるのかが明らかになるはずです。

今木智隆

第 1 章 疲弊する DX の現場

DX が叫ばれる世の中なのに、なぜ DX しても売上はなかなか上がってくれないのか？

DX 現場の謎を解明するとともに、目指すべき道をしします。

「守りの DX」ではいまや差がつかないのです。

目指すべきは「攻めの DX」なのです。

第 2 章 データ活用の悲しき誤解

DX 現場のあるある失敗パターンを紹介します。

大概の原因はデータの意味がわかっていないアナログ上司にあります。

8 つの代表的パターンのどれかにあなたも出会ったことがあるのでは？

重要なのは、「仮説をもってデータに臨む」ことです。

第 3 章 正しいデータ分析の手法と目的

あなたの会社は「何」を「どうやって」売っているのか？

まずはその定義から始めましょう。

そして御社のサイトの「入口」と「出口」を繋ぐ太いルートを見つけるのです。

定量データを使って購買ステップを丸裸にするのです。

第4章　デジタルでわからない顧客行動の調べ方

実はデジタルだけではよくわからない顧客行動もあります。そこで重要になってくるのが「リアル」の定性的な行動観察です。

その手法まで丁寧に教えます。

コツは、消費者に「尋ねる」のではなく、消費者を「観察する」ことです。

第5章　売上を作るための深掘りと改善施策

売上を作るための具体的な作戦を授けます。

「No. 1」「満足度95%」などの数字を使うこと、

3秒で伝わるコミュニケーションを考えること、

カートの入力不可は極力少なくすることなど。

アフェリエイターが記事を書きやすくなる方法まで教えます。

第6章　デジタル広告を攻略する

デジタル広告が注目される時代になってきました。

テレビCMや新聞広告に比べたら遥かに安上がりですが、正しい選択をしないと広告費をドブに捨てることになります。

大本命である検索連動型広告の攻略法を教えましょう。

CONTENTS

第1章 疲弊する DX の現場

第2章 データ活用の悲しき誤解

第3章 正しいデータ分析の手法と目的

第4章 デジタルでわからない 顧客行動の調べ方

第6章 デジタル広告を攻略する

第1章

疲弊するDXの現場

DXで仕事ばかり増えて、売上が増えない謎

「DX（デジタルトランスフォーメーション）」という言葉は、ビジネス分野では完全に定着した感があります。

「国内IT投資動向調査報告書2023」によれば、2022年度のIT予算額を前年度から増額した企業の割合は、4割超と過去最高に。また大企業だけでなく、中堅企業でも積極的な投資が進んでいます。

長年、日本の企業や官公庁はデジタル化が遅れていると言われていましたが、少なくとも企業ではDXの意欲が高いのは間違いないようですね。

確かに、2019年末以降のコロナ禍で企業活動は大きな変革を迫られました。Zoomを始めとしたオンライン会議システムの導入が進みましたし、リモートでも業務がこなせるように各種ツールを導入した企業も多いと思います。オンライン販売を増やそうと、サイト訪問者の分析やソーシャルメディアの活用などに取り組み始めたという方も多いのではないでしょうか。

デジタル後進国と言われていた日本において、企業が積極的にDXに取り組むようになったのはとても素晴らしいことです。

ところで、ちょっとお聞きしたいことがあります。

「DXに取り組まれるようになって、利益は上がりま

したか？」

おや、何だかお顔が曇ってはいませんか？

実をいうと、そういうお顔をされるのは、御社だけではありません。

さまざまな会社にDXについてのお話をうかがっていると、みなさんが口を揃えて言うのは、「DXで仕事が大変になった」「だけど、売上や利益が全然増えていない」ということです。

「業務管理ツールも導入した」「サイトの訪問者分析ツールも入れた」「データを管理するためにクラウドに移行した」「ソーシャルメディアのアカウントを作って、積極的に投稿している」

なるほど、確かに一所懸命DXを頑張っている様子が伝わってきます。今や、あらゆるニーズに応えられるツールが次々と生まれていますから、どんなツールがあるかを調べて、実際に使うだけでも一苦労です。人事系に限っても数百のサービスがあり、目が回りそうですね。

しかし、DXと言いつつ、デジタルツールを導入しただけで安心してはいないでしょうか？

導入しただけというのは、ちょっと言い過ぎたかもしれません。

ツールを入れたら使い方を覚えなくてはなりませんし、データを取得できるようになったらなったで、上司にレポートを提出する必要も出てくるでしょう。

ツール自体が悪いわけではないのですが、闇雲に導入しても、ツールに振り回されて業務が指数関数的に増えていくばかりです。

「DXの目的化」が生む、
あるある悲劇

　仕事において「手段の目的化」は珍しくありませんが、DXにおいてはこの傾向が一層顕著なようです。

　1例を挙げるなら、「自社サイトにチャットボットを入れてみた！」です。顧客にとって質問を書き込むこと自体が面倒なのに、その上まともな返事が来ない。これでは顧客をイライラさせるだけで、逆にクレームが殺到。顧客行動を妨げることになってしまった……という話はよく聞きます。

　道具を入れるだけで売れるなんてことはありえません。コミュニケーション設計をまずちゃんとしましょう。チャットに聞かないとわからないようなコンテンツを作っていることのほうを先に問題視すべきです。

　あるいは、コンテンツマーケティングで集客が増えたが、売上はなぜか完全に横ばい……。これもよくあるパターンです。

　誰でもいいから連れてくればいいというわけではありません。**誰にどんな集客をしたら売れるのか、という設**

計が抜けているからこうなるのです。商売に繋がるコンテンツ・商売に繋がるキーワードを先にきちんと特定しましょう。

デジタルで何か新しいことをやれば、今までにない客層が取れる！　という発想も要注意です。

「百貨店のVRイベント」「保険会社が作った健康アプリ」……作るのはそれなりに大変だと思いますが、そもそもそんなものに誰が興味を持つのでしょうか？　努力する方向が間違っています。顧客目線が完全に抜け落ちているとしか言いようがありません。

「そろそろ大規模にホームページのデザインとか変更して、新鮮味をアピールしよう」なんて、いかにもアナログ頭の管理職が言い出しそうなことですよね。

しかしこれも十中八九失敗します。顧客が変化したわけでもないのに見た目だけ変えると、なじみ客まで失うものです。

老舗店舗の看板の色を、毎年変えるおバカさんはいませんよね？　なのに、デジタルになるとなぜかあれこれ無駄なことをしてしまう人が多いのです。

取り組みやすい「守りの DX」

　ツールに振り回されないためにも、DX とは何か、について改めて向き合ってみましょう。

　「株式会社 NTT データ経営研究所」の調査レポートでは、DX の取り組みテーマを以下のように「攻めのDX」「守りの DX」に分けて整理しています。

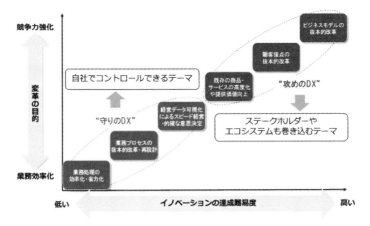

https://www.nttdata-strategy.com/newsrelease/190820.html

　こうして分類してみると、「うちの会社、守りの DX は多少はできてるかも」と思う方も多いのではないでしょうか。

　「勤怠や経費精算のツールを入れた結果、経理の業務スピードが上がった」「リードや売上など各種指標がダッシュボードで見られるようになって、上司までの報告スピードが上がった」といったイメージです。つまりは業務効率化のDXですね。

本丸は「攻めのDX」

　「守りのDX」は取り組みやすいです。しかし取り組みやすいということは、どの会社にでもできるということ。つまり競争力の源泉にはならないのです。

　だからこそ、重要なのは「攻めのDX」。

　ここで考え込む必要はありません。**「サービスや製品をお客さまに売って満足していただき、また買ってもらえるようにする」**というビジネスの本質に立ち返れば良いのです。この本質は、今も昔も、リアルでもネットでも変わりません。

　例えば「攻めのDX」のテーマの1つである「既存の商品・サービスの高度化や提供価値向上」も、要は「より良い商品やサービスを作る」というだけの話です。それを売って満足していただき、また買ってもらえるようにする。

　たったそれだけの話なのです。

あえて、言い切りましょう。

ビジネスにおける正義とは、「顧客に製品やサービスを買っていただいて満足してもらい、自社を成長させること」です。

本書では、「DXで業務改善」といった、ふんわりしたDXについては扱いません。

本書のDXとは、あくまでも売上に貢献する、利益を上げるためのDXを指します。

本質はシンプルなのに「攻めのDX」が成功しない理由

「サービスや製品をお客さまに売って満足していただき、また買ってもらえるようにする」というのは、企業が長年にわたって取り組んできたことです。

にもかかわらず、「DXに取り組まれるようになって、利益は上がりましたか？」と聞かれると困ってしまう企業が多いのはどうしてでしょうか。

優秀なデータサイエンティストがいないから？　AIやブロックチェーンなどの先端技術についてよく理解できていないから？

「できない理由」を挙げるのは簡単です。しかし優秀なデータサイエンティストなしに攻めのDXに成功した企業もあります。AIやブロックチェーンなど難しい技

術を使わずに、着実に成果を上げている企業もあります。

　さまざまな企業の支援をする中で見えてきた「大きな壁」は以下の２つです。

理由① **デジタルになった瞬間、**
　　　お客さんの姿が見えなくなる
理由② **方針や目標が不明瞭のまま、**
　　　烏合の衆で進んでしまう

デジタルでは、お客さまの姿が見えなくなる

　厄介なことに、デジタルならではの性質は多くの人にあまり理解されていません。

　今ではどの会社もウェブサイトを持っており、ネット上でモノやサービスの宣伝・販売を行っていることは少なくないでしょう。

　それゆえ、たいていの人は何となく、デジタルというものをわかっているつもりになっているのですが、ここに大きな落とし穴があります。

　「デジタルでは、お客さまの姿が見えなくなる」のです。

　何を当たり前のことを言っているのかと思われるかもしれません。しかし、サイトでの販売を伸ばそうと頑張っていると、こんな当たり前のことがよくわからなくなっ

てきます。

　小売店でもレストランでも何でもよいのですが、リアルな店舗を思い浮かべてください。

　店構えがあまりにも汚かったりすると、思わず入るのをためらってしまいますね。店員の接客態度が酷すぎたら、「こんな店には二度と来るか」と思うでしょう。

　リアルな店舗の場合、お客さまがその店に感じている不満は傍目からでも何となくわかるものです。

　一方、オンラインのサイトはどうでしょうか。

　サイトに何人やって来たとか、何人がどの商品を買ったといったことはデータを見ればわかります。けれど、サイトにやってこなかった人、あるいは商品を買ったけれど「二度と来るか」と思った人のことはわかりません。

　オンライン上のデータからわかるのは、あくまで「そのサイトで買い物をした人」のことだけ。**「そのサイトにやって来なかった理由」や「お客さまの不満」というのは、データからは見えないのです。**

誰が DX を担うのか

　そうなると、誰が DX を担い、主導するべきなのでしょうか。

　会社の経営方針を決めるのは経営陣ではありますが、

ここでは「売上を伸ばし利益を出すことを求められている、すべての人」ということにしておきましょう。

「今期の売上目標は、前期の 10 パーセントアップ」などなど、誰しも上長に無茶振りされるものですが、泣き言をいっても始まりません。他の誰でもない、あなたがＤＸを始めるのです。

小さなアクションであっても、成果を出せば、もっと上の層を説得できるようになります。「顧客に製品やサービスを買ってもらい、自社を成長させる」という正義以上に、説得力のあるものはありません。

「あなたがＤＸを始める」とは言いましたが、だからといって個人として動いていては、意味がないのも事実です。

よくある間違ったＤＸの例としては、全体的な方針を決めていないのに、担当だけとりあえず割り振ってしまうということが挙げられます。

「鈴木さんは、ソーシャルメディア担当」、「田中さんは、ウェブサイトのログ分析担当」、「吉田さんは、顧客からの問い合わせ担当」といった具合に決めてしまうと、**各人がそれぞれの割り当てられたタスクをただこなすだけになってしまい、分析→改善のサイクルを効果的に回すことができません。**

いったん各人の役割を固定化してしまうと、例えばソーシャルメディア担当の鈴木さんは、取り上げるネタや文面のことばかり考えるようになってしまいます。

「こういう投稿をしたら、バズるんじゃないか」

そうやって熱心に仕事に取り組むのはよいことではありますが、フォロワー数が3桁も行っていないようなら、リソースを掛けすぎるのはナンセンスでしょう。行っている**DXの全体像を把握し、コントロールする役割の人間は絶対に必要になってきます。**

DXを行うのであれば、最低限数人のチームを作り、チーム内で方針をしっかり共有できるようにすることが不可欠です。

フレームワークに沿って進めれば、誰でもDXを成功させられる

本書が対象とするのは、集客や販売にウェブサイトを用いている、あらゆる企業です。企業によって、BtoBかBtoC、規模の大小といった違いはあるにせよ、基本的な考え方はどのような企業であっても通用します。もちろん、規模の大きな企業であれば、マーケティングの専門部署を持っているでしょうが、その場合であっても本書で語る内容は役に立つはずです。

私がみなさんにお伝えする手法は、シンプルなフレームワークに沿って分析や改善を進めていくだけです。

流れを大まかに説明すると、

・自社と顧客を知り、仮説を立てる

→仮説を頭に入れて、データを見る

→定量的な分析と定性的な分析を組み合わせる

→両軸の分析を元に、改善のサイクルを回す

ということになります。

　ごくごく当たり前のことのように思われて、拍子抜けされたかもしれませんね。しかし、これくらい当たり前のことを、大企業でも意外に実践できていないものなのです。

　特にポイントとなってくるのは、**定量的な分析と定性的な分析の両方が重要**だということ。定量的な分析がなければ独りよがりの思い込みになってしまいますし、かといって定性的な分析を欠いていては、顧客像を深掘りすることができず、改善施策にたどり着くことができません。

データサイエンティストは いなくていい

　先の流れであったように、データを元に改善施策を行うためには「分析」が欠かせません。

　しかし、分析と言っても統計学などの専門知識が必要になるわけではありませんから、安心してください。

よくあるデータ分析の誤解としては、あらゆる種類について膨大な量のデータを集めなければ有効な分析を行えない、という思い込みがあります。

　きちんと考えてしっかりデータを集めることはもちろん重要ですが、100パーセントを目指そうとしてはいけません。どんなことについても言えることではありますが、**100パーセントを目指そうとすれば時間や手間などのコストが膨大にかかることになります。**

　30点だったスコアを60点にするのは簡単ですが、80点を90点や100点にしようとすれば、そのコストは何倍、何十倍にも膨れあがるでしょう。1週間掛けて緻密な分析を行うより、6割、7割の出来でよいから10分かけてざっくり状況を把握して、何度も改善を行った方が、はるかに費用対効果の高い結果を得られます。何も、科学論文を書くために、データを集めているわけではないのです。

　重要なポイントさえ押さえていれば、細かい課題はとりあえず放置していても大丈夫。完璧主義は捨てて、それくらい気楽な気持ちで物事を進めた方がうまく行くものです。

　あえて私がこのことを強調したのは、実を言うと「きっちりと慎重に作り込まなければならない仕組みもある」からです。

　そうした仕組み、例えば会社の基幹業務システムに関わってくるものや、部門間の調整が必要なものは、思い付きでホイホイ変えることはできません。

　だからこそ、一度作ったらおいそれと仕組みに手を着けないで、取り返しの付くことに関しては徹底的に試行錯誤して、改善できることを洗い出しておく必要があるのです。

　何をまず優先して進めるのか、慎重に事を進めるのはどのようなことなのかについては、順次語っていくことにしましょう。

　ロングセラー『イシューから始めよ』（安宅和人著）によると、「今、本当に答えを出すべき」かつ「答えを出す手段がある」問題は1％しかない（P74）とまで書かれています。

　解く前に「課題を断捨離する」くらいの気持ちで臨むのがおすすめです。

日経電子版を成功に導いた「ID」の思想を学研にも持ち込む

株式会社学研ホールディングス
デジタル事業本部副本部長兼デジタル戦略室長
山内秀樹氏　　　　　　　　　　※肩書は2023年11月時点のものです。

新聞社各社が電子化に苦戦する中で、日本経済新聞社の日経電子版は群を抜いて成功していると言われる。その成功の核となる「日経ID」という考え方を生み出した山内秀樹氏は、現在学研ホールディングスにおいて、学研IDを始めとしたDX推進を担っている。

デジタルはプロダクトの価値を高めるためにある

———山内さんは、日経電子版創刊や日経IDの企画・開発など、DXに大きく携わってきました。日経のDXは、まず日経IDありきで始まったのでしょうか？

　いえ、紙面のデジタル化についてはメンバーのほとんどが考えていましたが、初期の段階では日経IDを作るという意識すらありませんでした。しかし、メンバーと議論するうち、日経新聞の価値は紙面だけではないということがわかってきました。

　ずっと続いてきたプロダクトというのは、仮にデジタルがな

かったとしても、何かしらの価値を持っている。今までにもあったはずなのに、うまく表現することができていなかった価値とは何か。業界に影響力のある人に直接情報を届けたり、読者をイベントに誘導したりすることも価値ですし、極端なことをいえば、新聞紙を丸めて濡れた靴を乾かすのに使えるということに価値を感じている人だっているでしょう。

　やはり顧客である読者ともっと繋がってみようと考え、その結果、日経IDという発想に至りました。

———日経IDによって、どんなことがわかってきましたか？

　特定業種に対して強みを持っていることは従来のアンケート調査でも見えていましたが、それがデータで明確になってきました。一方、データが明らかにしたのは、長年購読している読者でもそれほどの分量は読んでいないということ。編集部間には受け入れがたい事実ではありますが、各読者にとってのキラーコンテンツがあるかどうかで、日経新聞に感じる価値には大きな開きがあったのです。これまであまり想定してこなかった読者に対しても、きちんと刺さるコンテンツを定期的に出せるようにしていこう。そういう形で編集者のマインドも少しずつ変わっていきました。

制作部門も巻き込んでDXを進める

———記事を作る編集部とマーケティング部門の相性は、あまりよくないイメージがあります。

よくなかったですね（笑）。データの数字を見て、編集部員が
その通りにコンテンツを作るわけではありませんし。

　けれど時代が変わる中で、記者も編集者もどうやってコンテン
ツを作っていけばいいのか、すごく悩んでいる。これまでは朝刊
や夕刊のタイミングに合わせて記事を作っていけばよかったの
が、「ウェブ刊」として24時間コンテンツを更新していくとなっ
たら、どんなコンテンツをどんなタイミングで出せば良いのか。

　マーケティングとしては、コンテンツを作っているスタッフに
どう寄り添っていくのかが重要だろうと考え、編集に必要なツー
ルを整備したり、編集部のメンバーの求めるデータは最優先で揃
えたりするよう心がけました。私も一時は編集部にも所属して、
1年間ほどは朝5時からニュースルームで作業していました。

───何か意外なことがデータから見えましたか？

　例えば朝の5時から8時くらいまでで、一番割合の高い読者
は金融関係のビジネスパーソンだということがわかっていまし
た。そこで金融業界や米国市場の相場などについての記事をでき
るだけ早く出すようにしていましたが、読者に刺さる内容なら小
さな記事でも意外に読まれるのです。例えば、2019年には三井
住友銀行が服装を自由化して、銀行員はポロシャツで出勤できる
ようになりました。紙の新聞ならこういう記事が一面に来ること
はありませんが、ウェブ刊ではあえて目に付くところに入れても
らうようにしたところ、ものすごく読者の反応がよかったのです。
その業界で働いている人にとっては、小さな記事であっても、そ
の日のビジネストークに繋がる重要なニュースなんですね。

　2018年にカルロス・ゴーンが逮捕された時は、編集部からど

んな記事を出すべきかを尋ねられました。SNS などを調べてみると、「司法取引って何」といったツイートが非常に多かったのです。そこで 30 分で司法取引に関する記事をまとめて配信したところ、やはり大変よく読まれて SNS 上でもバズり、有料会員の増加にも繋がりました。

顧客の体験価値を高めることが
長期的な利益に繋がる

───山内さんは日経新聞のあと学研に移られ、現在は学研 ID を活用した DX を推進していますね。

　日経新聞の場合、読者は基本的にビジネスパーソンです。新人からスタートして、キャリアアップしたり転職したりしていく、そのお手伝いをするツールとしての役割が比較的明確と言えます。一方、学研の場合、対象が幼児から大人まで広くなります。子育てをされているお父さんやお母さんのニーズまで含め、1 つの ID で捉えていく必要があります。

　子どもは 20 年くらいかけて成長していくけれど、この成長を捉えるということが一番難しいポイントです。子どもの頃に通った塾ではどんな科目が得意だったか、どんな本が好きだったか。そうした教育の履歴が見られれば、自分の適性を知る助けにもなるでしょう。

　今は「ここで二次方程式をしっかりやっておかないと、次の単元のここがわからなくなるよ」といった AI による分析もできるようになってきました。学びの支援という使い方をしているので、

お客さまにはデータ活用についても納得していただいています。

　だからといって、「ID」を全面的に打ち出せばよいというものでもありません。企業からすると、ID は打ち出の小槌のように見えて、顧客のデータが取れればすごいことができるんじゃないか、ものすごく儲かるんじゃないかと思ってしまう。

　だけど、一番大事なことはお客さまの体験価値を上げること。長いスパンをかけて体験価値を上げることによって初めて、マネタイズも可能になります。

―――企業として利益も上げなければいけないし、バランスが難しいですね。

　そこはしんどいところで、すぐに答えが出せるわけではありません。

　デジタルを使った新しい取り組みをいきなり始めても、お客さまはもちろん、社員も付いてきてくれるとは限りませんから。

　「これは行けそうだ」と自分が思ったとしても、周りの人やお客さまの考え方が変わるのに 5 年はかかると思っていた方がよいでしょう。取り組みを始めてから、それが受け入れられるまでの過程をどう組み立てるのか。地道なプロダクト改善やマーケティング活動の PDCA を回しつつ、ビジネスとしての地均しもしていく必要があります。

　既存事業にとっての利益も作りつつ、一歩ずつ進めることでようやく周りのみんなも付いてきてくれるのです。

第 2 章

データ活用の悲しき誤解

悲しき勘違い DX

　この章では、弊社がコンサルティングを行う中で実際に出会った、「確実に失敗する DX のパターン」を紹介しておくことにしましょう。

　十分なリソースを持った大企業であっても、失敗パターンのトラップに引っかかってしまうことは少なくありません。あらかじめ失敗パターンを知っておけば、ありがちな「やらかし」を避けて、有意義な分析にリソースを割くことができるようになるはずです。代表的な失敗パターンは、大きく次の 8 つに分けられます。

失敗パターン 1 意味のないデータを扱う
失敗パターン 2 データが汚れている
失敗パターン 3 無駄に複雑なことをする
失敗パターン 4 無目的に分析する
失敗パターン 5 専門家に丸投げする
失敗パターン 6 データを取ろうとし過ぎる
失敗パターン 7 自分の作ったレポートに騙される
失敗パターン 8 「ソースは俺」で考える

　さて御社は、こんな失敗パターンにはまり込んでいたりしないでしょうか……?

失敗パターン1

意味のないデータを扱うな

　データがたくさんあれば、それを分析することで貴重な知見が得られるはずだ———。

　データ分析に関して多くの方が勘違いされるのは、まずこの点でしょう。そう思われるようになったのは、1990年代に話題になった「おむつとビール」の記事が影響しているのかもしれませんね。

　あるスーパーがPOSデータを分析したところ、おむつとビールが同時に買われていることが多いとわかったという、マーケティング業界では有名なエピソードです（もっとも、実際におむつの横にビールを置いて売上が伸びたのかといったことに関してはきちんと検証されておらず、都市伝説として扱われることも多いようです）。

　膨大なデータがあれば何らかの相関関係が見つかって、それを使って売上が伸ばせるのではないか。マーケティングに関わる人間なら、一度はそう考えるでしょう。

　しかし、現実にはそんな風に使えそうな知見が見つかることはまずありません。

　かつて某大手食品メーカーが数億円の費用を掛けて、コンビニにおける自社製品の売上を分析しようとしたことがありました。その結果、いったい何がわかったでしょうか。

なんと、**「ペットボトルのお茶とおにぎりは、いっしょに買われることが多い」**とわかったそうです。コンビニのPOSデータには、どんな属性の人が買ったのかといった情報も含まれていませんし、当然の結果ではあるのですが。それにしても「ペットボトルのお茶とおにぎりがいっしょに売れている」ことがわかったところで、施策の取りようがありません。数億円掛けて、「でしょうね」としか言いようのない結果を得た担当者の嘆きはいかばかりだったでしょうか。

　このような例は、ECサイトについても枚挙にいとまがありません。

　ECサイトの売上データの推移から、特徴的な購買パターンを見つけようというのも「あるある」です。数年分の売上データから「大きく売上を伸ばせそうな購買パターンを見つけてほしい」といった依頼を弊社もよくいただきます。確かにデータはたくさんありますから、「××の売上が10パーセント伸びています」だとか「××というキーワードからやって来る人が4パーセント増えています」といった、もっともらしいレポートはいくらでも書くことができます。そのようなレポートを見た経営陣が言うのは、「で、結局何がわかったの？」。

　商品構成は大きく変わっているわけでもなければ、顧客層が変わっているわけでもない状況で、売上データを分析したところで何も得られません。

　他にも、M&Aや事業提携を行っている企業同士のデータを連結させて、パターンを見つけようというケースもあります。このようなケースでは、そもそも前提となるデータの収集方法も異なっていることが多く、合わせたところでやはり有益な知見は得られません。

　データサイエンティストを雇ったり、大量のデータを扱えるクラウドのサービスを使えば、読み切れないほどのレポートを出してくれはしますが、元々意味のないデータをいくらこね回したところで、何も起こりはしないのです。

失敗パターン2

汚れたデータは何百件あっても意味がない

　パターン1は手元にデータがあることで何かできそうという期待を持ってしまうというものでしたが、手元にあるデータが実は「汚れていた」というパターンもあります。

　「データが汚れている」とはいったいどういうことでしょうか。

　有名な例としては、第二次世界大戦中のヨーロッパ戦線における爆撃機のエピソードがあります。連合軍は、ドイツ軍の地対空機銃掃射から爆撃機を守る方法を見つ

けようとしていました。生還した爆撃機を調べると、主翼の両端や機体中央部に弾痕が集中していたので、軍はその部分の装甲を厚くしようと考えます。しかし、軍から相談を受けた、統計学者エイブラハム・ウォールドは、軍関係者の陥っている「バイアス」に気づき、弾痕のない部分の装甲を厚くするべきだと主張しました。

なぜかと言えば、弾痕を分析できた爆撃機は、あくまでも生還できたものに限られるから。弾痕のある部分以外に当たった爆撃機は、生還できなかったと考えられるわけです。

見えるデータにばかり目を向けてしまい、見えないデータを見逃してしまう。あるいは、特定の特徴を持ったサンプルばかりを対象に分析してしまう。データの扱いに慣れている人であっても、このようなサンプリングバイアスには往々にして陥りがちです。

よくやってしまいがちなのが、「オンラインアンケートで潜在顧客層」を調べようとするケース。そもそもオンラインで尋ねている時点で、「オンラインアンケートに積極的に答える層」だけを対象にした分析になってしまっています。

「汚れたデータ」の例として、混ぜるべきでないデータ同士を混ぜてしまい、結果的に「汚れてしまう」こともあります。

例えば、ECサイトにやって来た訪問者の購買意欲を調べるとします。何らかの値引きキャンペーンを実施中

か否かで、訪問者の購買意欲や購買理由は大きく変わってくるはずですから、本来であれば「キャンペーン実施中」「通常時」に分けて分析を行うべきです。しかしうっかりしているとこれらのデータをいっしょくたにしてしまいます。当然、そのようなデータから出てきた結果は、意味をなさないものになってしまうわけです。

また、データ自体はきちんと取っていたとしても、「データの傾向」を見誤ってしまうケースもあります。

一番よくある傾向の見誤りは、**「データが正規分布していると思い込んでしまう」** というものです。正規分布というのは、テストの点数や身長・体重などの結果を分析するとよく出てきます。点数と頻度でグラフを描くと、中央が盛り上がったきれいなベルカーブを描くというものですね。

ところが、お金の関係するデータの場合、正規分布にはならないことの方がずっと多いのです。

仮に、あるサイトで扱っているのが1000円のハンカチと、1万円のコートの2種類だけだったとしましょう。1000人の購買単価の平均を取ったところ「3000円」になったとして、この結果に意味があるでしょうか。1000円のハンカチと1万円のコートのどちらか（あるいは両方）を買っている人がいるだけなのに、顧客の懐事情が平均で3000円とわかったところで、施策の打ちようがありません（これがAmazonのような巨大ECサイトであれば、購買単価の平均を出すことにも意味があ

ります。顧客ごとに買っている商品の内訳が大きく違うとしても、「だいたいみんな3000円くらい買うことが多い。それなら送料無料の閾値は3000円にしよう」と施策を打つこともできるわけですから）。

さらに、データの件数は全体として多いのだけれど、ごく一部を過大に評価してしまうこともありがちです。

ある英会話学校が、初心者100人、中級者100人、上級者100人の計300人にアンケートを取り、セグメントごとに代表的な顧客の声をピックアップしようとしました。ところが、「性別」「年代別」「居住地」などを掛け合わせて、あまりにも細かくセグメント分けしたために、各セグメントの人数が数人程度になっていました。せっかく300人にアンケートを取りながら、セグメントごとの分析対象が「数人」では心許ない。ごく少数の意見に振り回されることになってしまいます。

最後にもう1つ、「汚れたデータ」には「嘘」が含まれることも肝に銘じておくべきでしょう。ここでいう「嘘」は、必ずしも悪意があるものとは限りません。私にせよあなたにせよ、**あらゆるアンケート項目すべてに、正直に答えるわけではありませんよね**。報酬が貰えるからちょっといい評価にしておこうか、知らない用語ばかりだけど面倒だから全部「知っている」にチェックしておこうか……。

意識的に嘘をつくわけではないにしても、面倒だからといった理由で人間は不正確な回答を行うものです。

　なお、こうした「嘘つき」のデータを排除する効果的な方法があります。例えば「知っている英会話サイトの名前にチェックをつけてください」という質問をし、解答欄に「E—A H O」みたいなデタラメなサイト名を載せておくのです。それにチェックをしている人は信用ならないので排除した方がよいということです。

失敗パターン３

無駄に複雑なことをするな

　デジタルデータというものは、細かく分析しようと思えば、いくらでも細かく刻めてしまうものです。各種ツールを使えばデータを刻んでいくのも簡単ですし、あれこれ分析して「やった感」も得られますが、結局何をやっているのかがよくわからなくなってしまいます。

　ウェブマーケティングでよく登場する用語としては、KPI（Key Performance Indicator：重要業績評価指標）があります。これは目標を達成する上で重要な指標のことで、本来は、事業がどんな状態にあるのか、何を改善すればよいのかを客観的に表したものでした。ところが、KPIにしても、もっと精緻に分析しようと思い始めると泥沼に引きずり込まれていきます。

　例えば、英会話学校がコンバージョン数をKPIに設定したとしましょう。このKPIをさらに細かく分解し、

「英会話　やり方」や「英会話　初心者」といった検索キーワードごとに分解してみる、次に参照元のサイトとそれを掛け合わせて、どういう人がアクセスしやすいかを調べてみる、電話で問い合わせてきたかメールで問い合わせてきたかで分けてみる、どのプランで申し込んだかで分けてみる……。

　弊社にも、こうした分析依頼がたびたび寄せられます。

　「コンバージョンを KPI にしているのですが、昨年比ではチャットでの問い合わせからのスコアが 106 パーセント、紙の資料請求からのスコアが 92 パーセント。後者の減少が課題だと思っていますが、どうでしょうか」などと大真面目に聞かれたりすることがあります。しかしこれは今時のユーザーは紙の資料を取り寄せなくなっているというだけの話でしょう。

　細かくデータを出してくる依頼者に、「御社にとっていちばん重要な指標はどれですか」と尋ねると、「データはいっぱい取っているのですが、どれが重要かはわかりません」と返ってきたりします。

　物事をわかりやすく捉えるための指標であったはずの KPI だけでは不十分で、やっぱりもっと抽象化した「KGI（Key Goal Indicator：重要目標達成指標）」が必要じゃないか、いやいやもっと目標と達成度をわかりやすくするために「OKR（Objectives and Key Results：目標と主要な結果）」を使うべきじゃないか。

　会議で役員が無邪気に「あの指標はどうなってるの？」

と聞こうものなら、担当者は真剣にその指標を精緻化しようとする。それぞれの指標はツールとして上手に使えば役に立ちますが、何のためにやっているのかということを見失っていると、**意味のない数字だけがひたすら量産されることになってしまいます。**

こういう作業はいくらでも増やしたり続けたりできますが、はたしてそれは売上に繋がっているのでしょうか。

先に挙げた例で言えば、KPI などの指標を分析するより、「資料はもう紙で送らなくてもいいんじゃないか」といった議論をしたほうが、よほど建設的だということだってありえます。

失敗パターン4

無目的に分析するな

失敗パターン1やパターン3とも関わってくることなのですが、企業では無目的な分析が行われがちです。

「べき論」で言うなら、最初に「事業をこうしたい」という方針があり、方針に沿った施策を導き出すためのヒントとしてデータ分析を行うべきです。それなのに、方針がない状態で、「データがあるから、何か見つかるのではないか」と期待してしまうのですね。特に大企業では、IR（Investor Relations）用に辻褄合わせのデータ分析が行われることもあります。中期経営計画の数字を

盛るために、消費者インタビューを数百件行ったりするようなこともザラですが、そうやって行ったインタビューが施策に反映されることはほとんどありません。

　企業で働いている限り、**「ブルシットジョブ」（無意味な仕事）**と完全に無縁でいることはできませんが、少なくとも自分が行っている作業が売上に貢献できるものか、それともただのブルシットジョブなのか、個々人が自覚的ではあるべきでしょう。

　売上を増やすことに貢献する、そうした大目標を個々人が持っていて共有することができれば、チームや部署、部門間で連係して、より効果的なデータ分析を行うことが可能になります。逆に、大目標を共有できていないと、部署同士が足をひっぱり合うことになってしまいます。

　マーケティング部門と営業部門の対立なども「あるある」でしょう。

　例えば、KPIを資料請求の件数にしたとして、マーケティング部門は資料請求を500件にする、営業部門は見込み顧客の10パーセントを成約するという目標を立てたとします。

　大目標を共有できていない場合、何が起こるでしょうか。

　まず、マーケティング部門はひたすら資料請求の件数を増やそうとします。検索広告やSNSなど、チャンネルを増やせば、件数を増やすことはそれほど難しいことではありませんから。「資料請求したら、クオカード

500円分プレゼント！」などというベタな手を打つことすらあるかもしれません。そうやってマーケティング部門がなりふり構わずに励んだ結果、資料請求の件数が750件、なんと目標の1.5倍です。

けれど、営業部門は大変です。750件の見込み客といっても、クオカードに釣られて申し込んできたような人に営業電話をかけたところで、成約は見込めそうにありません。営業部門がマーケティング部門に対して「質の低い見込み客を送るな！」と文句を言うと、マーケティング部門はデータをいじくり回して細かく場合分けし、成約率の高そうな経営者400人分だけを抽出して営業部門に見込み客として送る。「目標は500人なのに、100人も足らないじゃないか」と文句を言われたら、マーケティング部門はまた数字をいじって「経営者の成約率は他の見込み客の1.5倍なので、400人分の経営者は通常の見込み客600人分に相当します」などという理屈をひねり出すことになります。

ここで挙げたマーケティング部門と営業部門のような対立を、私はこれまで何百回となく見てきました。「資料請求件数がKPI」というのは、いつの間にかどこかに飛んでいき、何のためにKPIを達成しようとしているのか誰もわからなくなってしまいます。

結局のところ、**全体としてどれだけの利益を上げるのかという大目標を共有できていない**ために、数字の辻褄を合わせるために無目的にツールを使うという本末転倒

な羽目に陥ってしまうのです。

仮にマーケティング部門と営業部門で、大目標が共有されていたらどうでしょうか。資料請求件数というKPIは達成できていなくても、売上や利益を向上させるための施策を、マーケティング部門と営業部門が連係して打ち出すことができます。その結果をきちんと数字で経営陣に示すことができればよいわけです。

専門家に丸投げするな

失敗パターン4は、社内で大目標を共有できていないがゆえにブルシットジョブが生じてしまう例でしたが、さらに企業側の主体性がないパターン5もあります。「うちにはコンピュータに疎い文系人間しかいないから、専門家の話を聞いてこい」というパターンですね。

「データを分析すれば、何か知見が得られるんじゃないか」という代わりに、「データサイエンティストに聞けば、何か知見が得られるんじゃないか」と思ってしまうわけです。

データサイエンティストなどの専門家は最新のバズワードに通じていますから、話を聞かせてくれと言われればいくらでも喋ることはできます。やれ、データは21世紀の石油だ。やれ、ビッグデータを分析して、デー

タドリブン型の経営を目指そう。今なら、AI ですね。ChatGPT を使って、新しいビジネスモデルを生み出そうといったところでしょうか。私自身もそのような相談を持ちかけられる立場ですから、業界の最新動向や技術的な話ならいくらでもすることはできます。

「日本の企業は、シリコンバレーより 10 年遅れている！」と不安を煽り、「〇〇メソッドを取り入れることで、この企業の業績は年率 20% 以上の成長を続けています」と成功事例を謳うのが定番のコースです。

専門家から最新のバズワードを仕入れた企業の担当者は、「これからはデータドリブン（ここに入る用語は何でもかまいません）ですよ！」と大慌てで会社に戻り、とりあえずツールを入れて専門家の指示通りに動いてみようとします。しかし、断言しても良いですが、こうやって専門家に丸投げしても 100 パーセント何も起こりません。

バズワードで煽る専門家は多いですし、事例にしてもうまく行っているものだけをチェリーピッキングすれば簡単に集められます。「シリコンバレーで注目」と言っても、シリコンバレーには何百、何千もの会社があるわけで、そのほとんどは数年程度で倒産しているわけです。

しかし、私は「専門家はみんな人を騙そうとしている」とか、「デジタルツールに意味がない」と言いたいのではありません。

企業側が何をしたいのかわからないのに、「何とかし

てくれ」と言われたところで、専門家としても手の打ちようがないということです。

　大事なのは、バズワードや成功事例に煽られるのではなく、**自社の事業に何が必要かを企業自身が考えること**。

　自分たちで仮説を立てることなく、1から10まで専門家の言う通りにしたところで、得るものはありません。

失敗パターン6
顧客のデータを取ろうとし過ぎるな

　何とかデータを得ようとして、その結果、逆効果になってしまった……そんな失敗パターンもあります。

　みなさんもご経験があると思いますが、ウェブサイトで資料請求をしたり、サービスの申し込みをする際、ものすごい量のアンケート項目が出てくることがあります。氏名や連絡先ならともかく、職業に年収、趣味、家族構成まで入力必須項目にしているフォームが表示されると、うんざりしてしまいますね。

　確かに、自分がモノやサービスを売る立場になったら顧客の情報をあれこれ知りたくなるものですが、誰しも自分の情報はできる限り他人には教えたくないものでしょう。

　せっかくサービスに申し込む気になっている顧客が、大量の質問に嫌気が差して離脱してしまうようでは、本

末転倒です。**入力しなければならないフォームの項目を1つ増やすたび、購入者は確実に減っていく**と思っていてください。

入力フォーム以外にも、顧客をいらだたせる要素はたくさんあります。いきなり、チャットウィンドウが開いて「何かお困りではありませんか」と尋ねてきたり、商品を購入しようとしたら「こちらもいかがですか」と的外れな商品をおすすめされたり。

顧客の立場になってみれば、そんなものはない方が良いに決まっています。

上司から「見込み顧客の情報をもっと手に入れろ」と責められて質問項目を増やしたら、資料請求の件数や売上が減ってしまい、さらに上司に責められることになった……。笑い話のようですが、これはどの企業でもやってしまいがちなことです。

顧客のデータを得ようと躍起になればなるほど、顧客に敬遠され、本当に必要なデータも取れなくなってしまうものなのです。

失敗パターン7

自分の作ったレポートに騙されるな

人間というのは、騙されやすい存在です。詐欺師だけでなく、自分自身の作ったレポートにすら騙されてしま

います。

　私が聞いた中では、とある有名ブランドが自社の業績について分析を行おうとしたエピソードが印象的でした。データ分析の担当者は、上司から「業績が好調なことをデータで示せ」と言われたというのですね。彼は適切なデータを社内で見つけることができず、海外の支社にまで問い合わせてデータを入手してレポートを作ったそうです。

　根本的なことを言えば、そもそも業績が好調でないから、それを示すデータがなかっただけの話。**成長が鈍化しているのに、何とかうまく行っているように見せかけようと、無理矢理データを集めてレポートを作り、それを元に経営陣や株主への説明が行われる**、そんなことがさまざまな組織で行われています。

　厄介なことに、いったんレポートとして提出されてしまうと、そこに書かれている内容が真実として組織内に浸透してしまいます。

　経営陣も業績が芳しくないことは言わずに、そのレポートに書かれている内容を元に、施策を立てるよう各部署に通達します。

　「なるほど、中国にはまだ販売機会がたくさんありそうだ」、「課題を解決すれば、業績は 120 パーセントになりそうだ」、各部署の担当者はそんな風に考えて施策を立てるわけですが、**元々のレポートに間違いや誇張があるわけですから、それに基づいた施策もうまく行くは**

ずがありません。

　担当者が部署を異動したり役員が替わったりすれば、レポートを作った意図は忘れられ、データも検証されることなくそのまま残り続ける……。

　なかなか怖い企業ホラーですね。

　また、意図のあるなしによらず、データの解釈が歪んでいたせいで、誤った施策が行われる例は後を絶ちません。

　テレビや新聞、ネットなどの記事に登場する「インチキなグラフ」も、歪んだデータ解釈の例と言えるでしょう。

　グラフの目盛り間隔が均等ではなかったり、グラフの下部が切り取られて些末な変化が大きく見える細工がなされていたり。凝った3Dグラフを使って、30パーセントくらいしかないシェアがまるで過半数であるかのように見せかけたり。

　私が酷いと感じたのは、某メディアに掲載されていた若者の犯罪が増えているという記事でした。この記事では年齢別の犯罪件数を元に10代から20代の犯罪が一番多いと主張していたのですが、10代と20代に関しては1つにまとめ、それ以外の年代については30代、40代、50代、60代と10年ずつのグラフになっていたのです。

　ここまで悪質でなくとも、データの解釈によって、まったく印象が変わってしまうことはよくあります。

「晴れ時々曇り、ところによりにわか雨」という天気予報を「雨が降ることもありえるから、傘を持っていった方がよい」と解釈するか、「雨が降る可能性は低そうだから、傘は持っていかなくて大丈夫」と解釈するか。

　「52 パーセントの人が賛成、48 パーセントの人が反対」というデータがあったら、「半分の人が反対」というのか、「半分の人は賛成」というのか。

　元々のデータは 1 つでも、表現の仕方 1 つで読み手を誘導できてしまいます。

　貧困を論じる記事で、1 人当たりの所得を見て、日本は 1 億総貧乏だと結論づけているものもありました。親に扶養されている子どもまで含めて、単純に世帯年収を世帯員で割っても、実態とは乖離した解釈にしかならないでしょう。

　数値のデータを解釈する際、割合なのか件数なのか、母集団はどのくらいなのか、平均なのか中央値なのかといったことを恣意的に見せることで、いくらでも印象は操作することができます。

　本書では、統計学については踏み込みませんが、結論ありきでデータの解釈を歪めてはいないかという疑問は常に持っておいていただきたいと思います。

「ソースは俺」を基にするな

　データ分析の失敗パターンというより、「会社あるある」になってしまいますが、「ソースは俺」にも注意が必要です。

　会議では往々にして、地位が高くて声の大きい人の意見が通りがちです。

　ある商品のCM曲やナレーターを決める会議で、「俺の周りでは3人が3人とも○○が人気だと言っている。世間的にも絶対に人気だ」と主張している人がいて、呆れたことがありました。このCMはF1層（20〜34歳の女性）が対象であったにもかかわらず、この50代の男性は自分の周りの意見だけで、曲やナレーターを決めようとしていたのです。人間誰しも身の回りにいる数人が同じことを言っていると、それが真実だと勘違いしてしまいますが、そんな思い込みに陥らないよう普段から自分を戒めておく必要があります。

　サンプル数が300あっても意味のないデータはいくらでもあるのに、それがサンプル数3ですからね。

　もっと酷い人になると、サンプル数1＝「俺」で判断しようとします。

　かつて、私はある企業サイトのトップページに関する会議に出席したことがありました。トップページに配置

された部門はアクセス数が増えて業績を上げやすくなりますから、どの部門長も自部門を有利な位置に配置しようと必死です。「うちの部門は売上が一番大きいのだから、一番面積のいいところになって当然」という主張はまだ可愛い方。ある部門長は「俺はいつもサイトの右を見るから、うちを右に置け」と言い出しました。あまりにも非科学的な主張が出てくると、会議もわけのわからない方向に向かってしまい、大混乱です。

大きな組織になるほど人間関係の忖度が入り込んで、消費者にとってどんな利益があるのかはそっちのけになってしまいます。

仮説を持って、データに臨もう

　代表的なDXの失敗パターンを8つ紹介しましたが、いかがでしたでしょう。

　「あいたた」と思われた方も多いのではないでしょうか。

　これらの失敗パターンに共通するのは、消費者や市場に対する「仮説」がないということです。

仮説を持ってデータを見ない限り、データは何も教えてくれません。

　例えば、ドラッグストアのECサイトへの訪問者が急に増えたとしましょう。

　なぜ増えたのか、まずは何でもよいので仮説を立ててみます。「コロナ禍で不安になった高齢者が増えたのではないか」、最初はそういったレベルで十分です。そうした仮説を持ちながら、サイトのログデータを調べてみると、実は増えているのは地方の若い女性だとわかったりするかもしれません。それならば、チラシの作りや撒く地域を変えてみようか。そのような施策を実行して、さらにデータの検証を重ねていくこともできるでしょう。

　最初の仮説はどんなものでもよいのです。仮説を立てて調べた結果、何も見つからなかったとしてもそれはそれで成果です。

　「競合が低価格の新製品を発売したから、価格感度の高い顧客はそちらに流れるんじゃないか」

　そんな仮説を持って、購買率を調べてみたがデータに変化が見られない。それなら、競合の施策は大したことがなかったということがわかったと言えます。

　ある専門ショップでは、新規顧客獲得のためにクーポンを大量に発行していました。その効果を調べたところ、「リピーターが使っているだけで、新規顧客はほとんど取れていない」ということがわかったそうです。それではクーポンの意味がありません。そこでクーポンを廃止し、浮いた予算を広告宣伝費に回したところ、来店する

お客さまが増えたとか。それでいいのです。仮説が間違っていることがわかったのなら、別の手を打てばいいという話です。

　定性的なデータについても、仮説を持つことは重要です。

　「『痩せる』ことを売りにした競合他社の新製品は、自社製品ともろにバッティングするのではないか」

　そういう仮説を立てたのなら、消費者に直接インタビューしてみて検証すればよいのです。

　もしかしたら、「私は御社の製品は肌がキレイになると思って買っている」といった思いがけない意見が出てくるかもしれません。それならば、自社サイトにも「美肌」などのキーワードから訪問している人がいるのではないか。さらなる仮説を立てて、データに当たることができます。

　何を分析したいのか、きちんと目的を持つ。 それなしにデータに当たっても、ただの数値の羅列に過ぎません。データを生かすも殺すも、すべてはあなたが仮説を持つかどうかで決まってくるのです。

正しいデータ分析の手法と目的

あなたの会社は、「何」を 「どうやって」売っているのか

　前章では、DX の失敗パターンに共通するのは、「仮説の欠如」であることを説明しました。

　データ分析においてはどんなことでもよいのでまず仮説を持つべきですが、そうはいっても何から始めたらよいのかと戸惑う方も多いと思います。

　そこで、まず仮説の出発点をきちんと整備しましょう。

　ここでいう出発点とは、何だと思いますか。

　それは、**「あなたの会社が何をどうやって売っているのか」**ということ。おっと、「バカにするな！」という声が聞こえてきそうです。

　「自分の会社がどんな会社で、何を売っているかくらい、わかっている！」

　それは、そうでしょう。しかし、商品や業種が違うと、顧客とのコミュニケーションをどう組み立てるかや、どんなデータを重視するかも変わってきます。当たり前だと思っても、まずはお付き合いください。

　「何をどうやって売っているか」というのは、あなたの会社が扱っている商品の**「購買単価」**と**「売り方」**です。

　購買単価は、とりあえず、「1 万円まで」、「数十万円まで」、「それ以上」とざっくり分類しておきましょう。

　なぜ、まず購買単価から考えるのかというと、顧客の

「合意形成のコスト」が変わってくるからです。

100円のボールペンを買う場合、個人の顧客にしても、法人の顧客にしても、そんなに悩んだりはしません。けれど、100万円のモノやサービスを買うとなると、個人でも法人でも十分な時間を取って検討をするのが普通でしょう。顧客にとってのコストには、金銭的な負担だけでなく、時間や手間も含まれます。

特に企業の場合、月1000円の安価なITサービスのサブスクだとしても、適当に導入して後からやり直しとなったら大変な手間がかかりますから慎重になります。数百万円、数千万円規模のソリューションを導入するとなったらなおさらのこと。同様のサービスを比較検討する、同業者にヒアリングする、しばらく試用して問題点などを洗い出すなど、モノやサービスの購買単価が上がれば上がるほど、顧客の合意形成プロセスは複雑化し、コストが上がっていくと言えるでしょう。

「売り方」についてはどうでしょうか。

ここでは、売り方を「EC完結型」、「OtoO型」、「営業型」の3つに分類します。

「EC完結型」というのは、Amazonや楽天のような巨大ECサイトだけの話ではなく、自社ECサイトで（あるいはAmazonや楽天などに出店して）モノを売っているタイプを指します。

「OtoO型」は、「Offline to Online」もしくは「Online to Offline」のこと。自社ウェブサイトから実店舗に誘

導する、あるいは実店舗で商品を確かめてもらいウェブサイトで買ってもらうタイプです。

　3つ目の「営業型」は、サイトや店舗では取引が完了せず、顧客を営業担当に繋いでやり取りする必要がある商品を扱うタイプです。

　「EC完結型」が扱うのは、比較的低価格の商品が多いですが、家電や事務機器、家具のようにカタログスペックで購入を判断できる高額商品もあります。このタイプのビジネスでは、サイト上でいかにわかりやすく商品についてアピールして購買行動に結びつけるかがキモになります。同じEC完結型であっても、ペットボトルのお茶なら他店と比べてどれくらい安いのかが顧客の選択基準になってきますし、タブレットのように高額な商品になれば、他社製品との性能・機能の比較がポイントになってくるでしょう。

　「OtoO型」では、「EC完結型」よりも高価格帯の商品を扱うケースが増えてきます。グランドピアノを買うなら、やはり楽器店で実物を見てから買いたいのが人情というもの。ですから、「OtoO型」のサイトでは、どうやってリアルな店舗に誘導するかということが主眼になってきます。また最近では、実店舗で商品を確かめて購入はオンラインという、「ショールーミング」を行う顧客も増えていますが、こうした顧客をうまく自社サイトに誘導することも重要になってきます。

　最後の**「営業型」**はBtoBが中心になりますが、BtoC

でも高額商品は営業型になってきます。例えばオンラインで受講する MBA コースともなれば、数百万円するものもザラですから、こうした商品をカートに入れて一発決済しようという剛の者はなかなかいません。やはり、詳しい資料をじっくり読んだり、セミナーに参加したり、営業担当から説明を聞いたりしてから申し込みたいと思うものでしょう。

そのため、「営業型」のサイトでは、問い合わせや資料請求をゴールに設定するケースが多くなります。「営業型」ではたんに資料請求を増やせばよいとは限りません。そもそも資料請求した顧客が本当に成約に結びついているのかといった「ゴール検証」の重要性も「営業型」では高くなります。

「購買単価」と「売り方」をまとめると、下の図のようになります。あなたの会社のビジネスは、どこに位置するでしょうか。

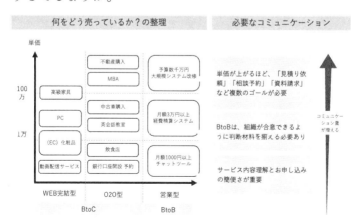

何をどう売っているか？の整理

必要なコミュニケーション

単価が上がるほど、「見積り依頼」「相談予約」「資料請求」など複数のゴールが必要

BtoBは、組織が合意できるように判断材料を揃える必要あり

サービス内容理解とお申し込みの簡便さが重要

ゴールはどう設定するのか？

EC完結型の場合、オンラインで行動が完結するため、購入・申し込みに至った割合を漏らさず計測することができます。それに対して、オフラインが絡んでくる「OtoO型」や「営業型」の場合、ゴール設定に悩むことも多いでしょう。

OtoO型の場合、「実店舗で見てからオンラインで買う人」と「オンラインで見てから実店舗で買う人」の2タイプを想定する必要があります。前者はオンラインで購入するので、指標はシンプルに**コンバージョン率**（購入した人の率）をチェックすれば良いでしょう。

やや複雑なのが後者の「オンラインで見てから実店舗で買う人」です。サイト上に「来店予約」などがある場合はそれが1つのゴールになるでしょう。

しかし「予約なしの来店も歓迎」というケースも多く、来店予約だけをゴールにするとサイトの貢献を見誤ってしまいます。「予約はしないけれど店舗の位置は確認する」という人は多いので、**店舗ページの閲覧率**などもKPIの1つとしてウォッチすることをおすすめします。

店舗ページの貢献をより正確に把握するために、折を

見て量的な分析をすると更に良いでしょう。手軽に分析をするなら、**店舗ページの閲覧者数と来店者数の相関**を調べるという手があります。

また、アンケートを活用し「店舗ページを閲覧したけど来店しなかった人」「店舗ページを閲覧し来店した人」の割合を把握すれば、店舗ページの効果がより正確に把握できるでしょう。

営業型の場合、ウェブサイト上のゴール自体はシンプルです。**問い合わせ、資料請求、相談予約などがゴール指標**になるでしょう。

ただし、問い合わせや資料請求がそのまま購買に繋がるとは限りません。そのため、単純に「問い合わせを増やせばよい」という訳ではなく、歩留まりを意識しつつリード数を増やすことが求められます。KPIも、コンバージョン数と歩留まり率の両方を追うことを強く意識しましょう。

顧客はどんな風に行動するのか

自社ビジネスの次に理解していただきたいのは、「顧客購買行動プロセス」です。

ECサイトに多少詳しい人なら、顧客の購買行動と聞くと、「どんなページからうちのサイトにやって来て、どんな順番でサイト内を巡回して、決済にたどり着くか」

ということだと思うでしょう。もちろん、自社サイトで顧客がどんな風に行動するのか、何を買ったのかという購買データは重要ですが、それらはあくまでも御社が把握できる顧客行動の一部にすぎません。ご自分が何か買う場合を考えてみればわかりますが、顧客行動というのは購買するサイトを実際に訪れるずっと前から始まっているのです。

　しかし、意外にこの購買行動プロセスは理解されていません。

　顧客購買行動プロセスの全体像を理解するのによく使われるのが、AIDMA（アイドマ）や AISAS（アイサス）、SIPS（シップス）などのモデルです。

　AIDMA は、**Attention（注意）→ Interest（関心）→ Desire（欲求）→ Memory（記憶）→ Action（行動）**の頭文字を取ったもので、1920 年代に提唱されました。顧客が広告などで商品を見て注意を引かれて、関心を持ったら、欲求が生じ、記憶に残る。そして、商品を実際に買うという行動に出るというのですね。

　インターネットの普及に対応して、AIDMA を改良したのが AISAS。**Attention（注意）→ Interest（関心）→ Search（検索）→ Action（行動）→ Share（共有）**の略です。商品情報を検索エンジンで調べる「Search」、購入後に SNS などで体験を共有する「Share」が含まれ

ています。

インスタグラムなど SNS が普及したことで、購買行動はさらに変化して SIPS になっているという意見もあります。**Sympathize（共感）→ Identify（確認）→ Participate（参加）→ Share & Spread（共有 & 拡散）**というわけですね。

これらのモデルの詳細について、あまり厳密に考える必要はありません。顧客が商品を何らかの形で認知して、情報収集し、サイトを訪れて購買に至る、こうした流れがわかっていれば十分です。

こうした購買行動モデルをさらにわかりやすく可視化したものが「マーケティングファネル」。たんに「ファネル」とも呼ばれます。

例えば、中古の自動車を買いたいと考えている顧客の購買行動は、次頁のようなファネルで表すことができます。

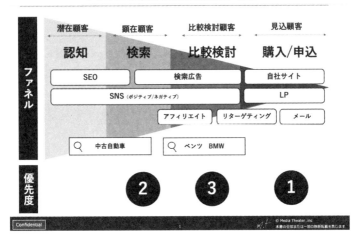

ファネルを活用した優先度設計（例）

潜在顧客　顕在顧客　比較検討顧客　見込顧客

認知　検索　比較検討　購入/申込

| SEO | 検索広告 | 自社サイト |

SNS（ポジティブ/ネガティブ）　LP

アフィリエイト　リターゲティング　メール

中古自動車　ベンツ　BMW

ファネル

優先度　2　3　1

　ファネルの一番左端は、中古自動車を買いたいと考え
ている潜在顧客全体を表しており、そのうちの何割かが
情報収集を行います。安価な商品だと情報収集の時間は
少なくなりますが、自動車ともなるとそれなりに情報は
集めようとするものです。

　自分の欲しい車種などの情報を検索エンジンで検索し
たり、SNS上で「中古自動車」とか車種名のハッシュ
タグを眺めてみたり。比較サイトなどで価格を比べたり、
レビューを読んだりもするでしょう。

　そうやって情報収集したら、どの会社で購入するか
比較検討を始めることになります。A社にするか、B社
にするか、いやトヨタの認定中古車という手もあるか
……。改めて情報収集に戻ることもあるでしょう。

　こうやって情報収集や比較検討を行い、ある程度気持ちが固まって初めて、顧客はようやく各企業のサイトにやって来るのです。

　企業サイトの担当者が直接取得できる購買行動のデータというのは、あくまでファネルの右端、自社サイト上のものに限られます。

　「自社サイト上でなければデータが取れないのだから、ファネルの左や真ん中のことを考えても意味はない」、そう思われる方もいるでしょう。

　しかし、潜在顧客が実は100万人いて、そのうち検索して自社サイトにやって来ているのが500人の場合と、潜在顧客は3万人で自社サイトにはすでに2万人やって来ている場合では、取るべき施策はまったく変わってきます。

　前者の場合、潜在顧客の大きさに比して、訪問者がえらく少ないのですから、広告などを工夫すればもっと訪問者を増やせるかもしれません。一方、後者の場合、潜在顧客のほとんどはすでに自社サイトにやって来ているわけですから、広告を打っても訪問者はそれほど増えなさそうです。ならば、サイトにやって来た訪問者が確実に購入するようにした方が売上に繋がりそうですね。

　さらに、顧客が比較検討しているのはどことどこなのかを考えるためにも、このファネルは役に立ちます。

　自社の競合が本当は何なのかというのは、意外に把握されていないものです。あなたが仮にヤマダデンキの

マーケティング担当だったとして、競合は本当にビックカメラやヨドバシカメラでしょうか。リアル店舗が隣同士なら確かに競合でしょうが、オンライン上の場合、同じ業種の企業が直接競合であるとは限りません。ドラッグストアやネットスーパー、あるいはもっと別のサイトが競合になっていることも十分にあり得るのです。

　後で述べるように、最近では競合を調べるための便利なサービスもいろいろと出ています。ファネルを元に、競合についても可能な限り定量化を行い、仮説の土台を補強しておきましょう。

　ファネルとして可視化することで、潜在顧客のうちどれくらいの割合が見込み客になるのか、そのうちの何割が実際にサイトを訪問してくれるのかということを意識しやすくなるのです。

自社の潜在顧客はどこにいるのか

　それでは、「自社の潜在顧客がどこにいるのか」をファネルを使って考えていくことにしましょう。

　本書の対象は、集客や販売にウェブサイトを用いているあらゆる企業ではありますが、割合から言えば規模の小さい企業や個人の方が圧倒的に多いわけですから、ニッチな商品やサービスを売るという前提で話を進めま

す。

　ほとんどの企業では、「伊右衛門」や「スーパードライ」のような誰でも知っている商品を扱っているわけではありません。仮に「お茶」「ビール」「生命保険」「スマホ」といったビッグワード（多くのユーザーが検索エンジンで検索する言葉）で、自社サイトがヒットするようにしようとすれば莫大なコストがかかりますし、ビッグワードで引っかかってサイトにやって来たとしても商品のターゲット層とずれていれば買ってはもらえません。

　だからといって、ニッチすぎるスモールワードで広告を打っても、ほとんど関係ない人に当たってしまい、効果は得られません。

　自社の扱っている商品を買ってくれそうな、できるだけ**「質の高いお客さま」にピンポイントで情報を届けて、サイトに来ていただくのがベストなわけです。**

　潜在顧客を推定する上で、重要な概念として TAM（Total Addressable Market）と SAM（Serviceable Available Market）、SOM（Serviceable Obtainable Market）というものがあります。日本語で、**TAM は「ある事業が獲得できる可能性のある全体の市場規模」、SAM は「ある事業が獲得しうる最大の市場規模」、SOM は「ある事業が実際にアプローチできる顧客の市場規模」**と訳されます。

　例えば、小学生向けに学習用タブレットを販売する事

業があるとしましょう。

　学習塾を利用する小学生の全体は、だいたい1学年あたり約80万人、小学生全体で約480万人がTAMということになります。学習用タブレットを買う可能性があるのは、通信教育を利用している人だと考えれば＊＊人で、これがSAM。さらに、自社では中学受験向けに都市部の高学年を優先などと考えていくと、SOMは＊＊人といった具合になります。

　ここでの数値はそれほど精緻である必要はありません。官公庁が出している統計資料や、各種ニュース記事などを元にして、まずはざっくりと考えてみましょうということです。

　ある程度SOMの見当が付いたら、現在の事業状況と照らし合わせてみます。

　SOMが10万人で、実際の利用者が8万人だとしたら、すでにその事業は頭打ちになっていると言えます。ある街のスーパーマーケットを住民の8割が利用しているようなもので、さらなる利用者数の増加はあまり期待できません。このような状況では、既存利用者向けに高単価の商品を投入する、別の地域への出店を進めるといった施策を取ることになるでしょう。

　一方、SOMが10万人で実際の利用者が1万人なら、現状の事業のまま、まだまだマーケティング施策でできることは多そうです。利用していてもおかしくない人がなぜ来ていないのか。認知度が足りない、商品のアピー

ルが足りないなどいろいろな原因が考えられますから、さらに分析を進めていくことになります。

　潜在顧客がどれくらいいるのかということは仮説を立てる上でも非常に重要なのですが、マーケティング担当者でもなかなか答えられなかったりするものです。大まかでけっこうので、まずは定量化を行ってみましょう。

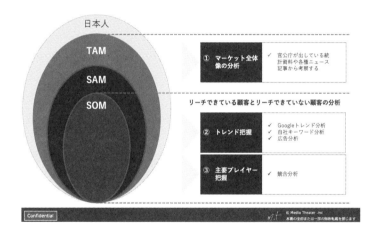

潜在顧客の規模を推定する

　潜在顧客を推定する上で重要なTAM、SAM、SOMという概念をご紹介しましたが、実際にはそれを算出するのはなかなか難しいでしょう。ターゲットの年齢や性別が明確な商品であればデモグラなどが足がかりになるでしょうが、それすら難しいケースもあります。

そういった場合には、まずは競合の会員数や市場規模推定を参考にするのも１つの手です。例えば「小学生向け学習用タブレット」だとすると、まずは同じように小学生向け学習用タブレットを販売している会社を参考にすると良いでしょう。その中でも「日常学習」「受験」などサービスにはカラーがあるはずですから、そうしたものも加味しながら潜在顧客の規模を推定していくと良いでしょう。

　競合が上場企業であれば、IR ページなどである程度の情報を取得することもできます。またそうでなくても、「会員数＊万人突破」といったプレスリリースを出している企業も多いので、競合各社の数字を参考にざっくりと市場を捉えるようにしてください。

無料で
マーケットトレンドを把握する

　自社の事業にとっての潜在顧客が大まかにイメージできたところで、次に行うのはマーケットトレンドと競合の把握です。

　現在のマーケットの状況がわかっていないと、とんでもない失策をしてしまうことになります。かつてタピオカミルクティーが大流行しました。2018 年くらいのブーム初期に店をオープンしていれば、３年くらいは儲けら

れたでしょう。一方、2021年になってから新規参入した会社は、かなり悲惨な目にあったことは想像に難くありません。マーケットが今どんな状況にあるのか把握するのは、ビジネスの基本です。

　マーケットトレンドについても、専門家に調査を依頼して精緻なデータを取ろうとすると、コストも時間もかかって大変です。まずは、大ざっぱにトレンドを掴むところから始めましょう。

　ここで使うツールは、**「Google トレンド」** です。無料で使えるツールですが、なかなか侮れません。何より、他人に任せるのではなく自分で試行錯誤しながらマーケットトレンドを探る行為そのものが仮説を立てる上で、重要になってくるのです。

　例として、ここでは「オンライン英会話」のビジネスを考えてみます。

　オンライン英会話のビジネスは、上り調子なのか下り調子なのか。コロナ禍が一段落して、リアルな英会話教室の方に人は戻っているという考え方もありますし、逆にコロナ禍でオンラインサービスが定着したからこれから伸びていくという考え方もあるでしょう。どちらももっともらしいですが、実際に手を動かして Google トレンドで調べてみます。

　Google トレンドに「オンライン英会話」などとキーワードを入力すると、過去1日のトレンドが表示されま

す。マーケットトレンドを調べるなら5年くらいの範囲にしておくのがよいでしょう。

　「オンライン英会話」の結果を見てみると、2020年4月くらいに大きく跳ね上がっており、その後に低下。時々上がっては下がってを繰り返し、最近はやや下降気味かなといったことが見て取れます。

　では、オンライン英会話に参入しているプレイヤーはどうなのか。Google検索で「オンライン英会話　市場規模」、「オンライン英会話　事業者数」などのキーワードで調べてみると、参入プレイヤーはどうも増えているらしい。同じように参入プレイヤーが増えているにしても、マーケット全体が上り調子なのか下り調子なのかによって状況は変わってきます。マーケットが伸びていないのに参入プレイヤーが増えているなら、過当競争になって個々の事業者にとっては厳しくなっていきますし、マーケットが伸びているのならとにかくアタックしようという考え方もできます。

　マーケットトレンドを調べる際には、自社の事業を端的に表すキーワードだけでなく、隣接領域についても合わせて調べましょう。例えば、利用者から見れば英会話を学ぶという意味で、リアルの「英会話教室」や「語学留学」なども選択肢になっていることは十分にありえます。

　5年前だと「英会話教室」と「オンライン英会話」は拮抗していたけれど、コロナ禍で完全に差が開いてしまった。だけど、最近はまた少し差が縮まったかな。コロナ禍で「語学留学」はがんと減ったけれど、最近はまた上り調子になっているようにも見える―――。

　いろいろなキーワードを入れていくうちに、何となくマーケットトレンドが把握できるような気がしてきたらしめたものです。

　「語学留学」のトレンドが上り調子なら、参入プレイヤーの多い「オンライン英会話」の中だけで戦うのではなく、「語学留学」に興味のある人を誘導してみてはどうだろう。「オンライン留学」というコンセプトで自社サイトを改善して、訴求してみたらいいかもしれない。

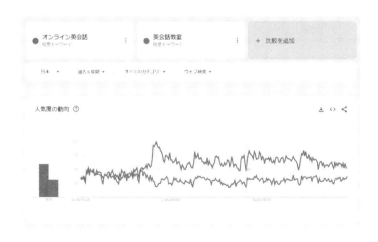

関連キーワード ⑦　　　　　　　注目 ▾ ± <> ⩶　　　関連キーワード ⑦　　　　　　　人気 ▾ ± <> ⩶

1　英会話 教室 コロナ　　　　　　急増増加　　　1　英会話 教室
2　英会話 教室 トライズ　　　　　急増増加　　　2　教室
3　kimini 英会話　　　　　　　　急増増加　　　3　英会話
4　英会話 教室 トライズ おすすめ　急増増加　　　4　英語
5　キッズデュオ料金　　　　　　　急増増加　　　5　英会話 教室 英語

‹ 25 代のうち 1 ～ 5 件目のクエリを表示しています ›　　　‹ 25 代のうち 1 ～ 5 件目のクエリを表示しています ›

そんな風なアイデアが湧いてくるかもしれません。

　Google トレンドは、特定のキーワードがどれくらい検索されたのかを調べることができるツールです。一般的な検索の他、画像検索、ニュース検索、YouTube 検索された数も知ることができます。また Google トレンドは、関連キーワードも提示してくれます。「注目」と「人気」という区分が用意されており、注目の関連キーワードを見ると「最近はこの英会話教室が注目されているらしい」「子ども向け英会話を調べている人が多いのかな」といったことがわかります。気になるキーワードがあれば、今度は Google トレンドでそのキーワードを検索し、長期の検索数を調べてみましょう。

　この他、エリアによる興味関心の差を把握することもできます。「東京ではあまり調べられていないが地方ではまだまだ関心が高い」「日本ではダウントレンドだが、むしろ中国では伸びている」といった発見があれば、地方展開や海外展開を考える 1 つのきっかけになるでしょう。

トレンドの一歩先を掴む

　マーケットトレンドと同時に把握しておきたいのが、「競合は誰か」ということです。

　Google トレンドに競合他社名を入れて比較をすることもできますが、専用の競合分析ツールを使うとさらに詳しい情報を取得できます。代表的な競合分析ツールとしては**「Similarweb」**などがあり、1ヶ月当たり150ドル程度で提供されています。

　競合分析ツールに調べたいサイトの URL を入力すると、類似性の高いサイトが一覧で表示されます。どのようなアルゴリズムによって類似性を推定しているのかは開示されていませんが、世界中にいるモニターユーザーの行動を元に推測しているようです。結果データの正確性は保証されていませんが、ざっくりとマーケットの状況や競合を調べるには十分でしょう。この作業によって、ファネルでいえば真ん中、どんな会社やサービスとの比較に晒されているのかが少しずつ見えてきます。

　まずは、自社や同業他社の URL をいろいろと入力して、結果を確かめてみましょう。

　注意していただきたいのは、自社サイトと競合するサ

イトは必ずしも同業とは限らないということ。

　あなたの会社が靴の小売ビジネスを手がけているとしたら、競合は別の小売チェーンではなく、フリマアプリのメルカリだったりすることもありえるわけです。セールを行う時には値引き率をどれくらいに設定するかが重要になってきますが、もし競合がメルカリなのであれば、値引きの基準も変わってきます。

　競合分析ツールには**ドメイン重複分析**という機能が用意されており、これを使うことで自社と他サイトが相対的にどの程度重複しているのかを見て取ることができます。

　SNSや広告での露出についても推定した結果を出してくれますから、それだけでも経営企画会議で説得力のあるデータとして使うことはできるでしょう。同様のデータを一から集めようとすれば、大変な時間とコストがかかります。ただし、あくまでもサービスが推定した結果だということを念頭に置いて、分析の取っかかりとして活用しているのだということを忘れずに。

　施策については次章以降で述べますが、競合の見当が大まかにでも付くと、仮説もいろいろと浮かんでくるはずです。

　例えば、競合していると思っていた同業他社が検索広告に関しては、まったく競合しておらず、その代わりにSNSでの露出を増やしているといったことがわかるか

もしれません。そうだとしたら、検索広告にあまり力を入れるより、インフルエンサーを使って SNS での露出を増やした方が売上が伸ばせそう、という当たりをつけることもできます。

　特定の SNS や比較サイト、ランキングサイトから競合他社への流入が目立って多いということであれば、その会社は何らかの施策を積極的に行っている可能性があります。該当の SNS や比較サイトを実際に訪れて、**競合がどんな対策を取っているのかを確認しましょう**。専用のイベントページを作っていたり、広告タイアップ記事を掲載していたりするのかもしれません。SNS で不自然に「いいね」が付いているようなら、サクラの業者を雇っているのかもしれないと見当を付けることもできるでしょう。

　同業他社が駅前にリアルな店舗を出しているというのであれば、どんな風に競合しているのかは看板を見れば何となくわかります。けれど、オンライン上でどんな風に競合しているのかは、データを取ってみなければわからないものなのです。

　10 分、20 分ほど 1 人でマーケットトレンドや競合をざっと調べるだけでも、驚くほどたくさんの情報を得られます。頭の中だけで想像するのではなく、ツールを実際に使って確かめる習慣を付けるようにしてください。

　大まかな見当を付けるということは、すでにあなたの

頭の中で仮説の構築が始まっているということ。仮説を持っていれば、自社サイトにおけるデータの見え方もまったく違ってきます。

Similarweb で競合を調べ倒そう

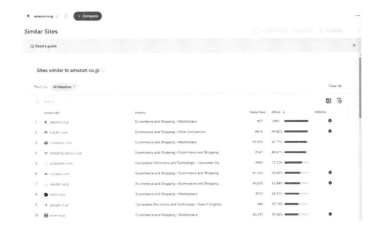

「Similarweb」では、自社の URL を入力するだけで競合サイト（Similar Sites）が表示されます。例えば「Amazon.co.jp」と入力してみると、上記のように「楽天」、「価格 .com」、「モノタロウ」、「Yahoo! ショッピング」などが競合として名を連ねています。そこで「楽天の状況をもう少し詳しく知りたい」と思ったら、競合リストの rakuten.co.jp をクリックしてみます。すると次のようなページが表示されます。

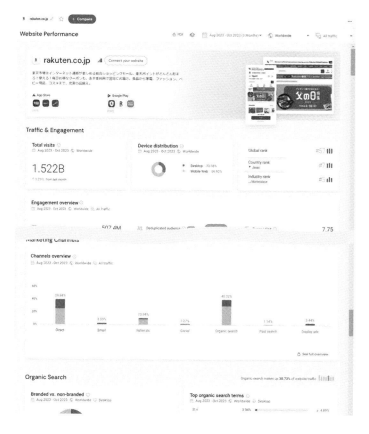

　このページを見ると、「楽天」は直接流入が約4割、また自然検索の中でも約半数が指名ワードであることがわかります。そのため「リスティング広告で楽天市場への流入を奪おうとするのは、あまり好手とは言えなさそうだ」と考えることができるでしょう。

　楽天の特長が掴めたら、次は「価格.com」、「モノタ

ロウ」、「Yahoo! ショッピング」と各競合をチェックしていきます。流入チャネルや検索キーワードだけでなく、出稿ワード、遷移先、ソーシャルのトラフィックなどさまざまな情報を見ることができるので、まずは各社の傾向をざっくりでも把握すると良いでしょう。

　競合の目星をつけ、各社の状況を自社と比較する。このような試行錯誤を繰り返しながら**「競合はどこなのか」****「その競合の強みはどこなのか」**を捉えるようにしてください。

比較サイトでの サービスの評価をチェック

　ある程度の価格の商品の場合、購入前に「実際に使っている人の感想はどうなんだろう」「競合と比べてどっちが良いんだろう」という点が気になるのは自然な感情です。
　それに応えてくれるのが口コミやレビュー、そして"客観的"な形で比較してくれる比較サイトです。

　実際には比較サイトはまったく客観的ではないのですが、そう思っている消費者は多く、自社の売上に大きな影響を与えます。

だからこそ**「比較サイトでどう書かれているのか」は
チェックしておく必要があります。**

　自社の商品カテゴリを扱う大手比較サイトがある場合
は、まずはそこからチェックしましょう。「価格 .com」
や「mybest」は消費者向けの商材を幅広く掲載してい
ますので、ToC 商品を扱っているなら一通り調べてお
きましょう。

　その他にも、化粧品における「@ cosme」や「LIPS」
のように、商材特化型の大手比較サイトも存在しますの
で、これらもチェックしてください。

　大手のチェックが終わったら、次は「自社商品名　評
判」「自社商品名　口コミ」「自社商品名　競合商品名
比較」などで検索してみましょう。すると、自社商品を
扱った比較サイトやアフィリエイトサイトが出てくるは
ずです。

★ mybest レディース化粧水
おすすめ情報サービス

選び方　　ランキング　　評価方法

TOP　　コスメ・化粧品　　レディース化粧水　　【2023年11月】化粧水のおすすめ人気ランキング83選【徹底比較】

【2023年11月】化粧水のおすすめ人気ランキング83選【徹底比較】

肌をしっとりうるおす、毎日の保湿ケアに欠かせない化粧水。商品によってテクスチャや配合されている整肌成分もさまざまで、どんな商品が自分に合っているのかよくわからない人も少なくないのではないでしょうか。

今回は、各メーカーの最新商品や売れ筋上位から人気の化粧水83商品を集め、3個のポイントで比較して徹底検証。おすすめの化粧水をランキング形式でご紹介します。

https://my-best.com/33

　比較サイトやアフィリエイトサイトでは、「自社はどんなサービスだと紹介されているか」「どこと比較されているか」「消費者がちょっと気にしそうなことは書かれていないか」「強く訂正すべき情報はないか」といっ

た観点でチェックするのがおすすめです。

　「自社はどんなサービスだと紹介されているか」「どこと比較されているか」がわかれば、自社サイトに来訪するユーザーが自社に対してどんな知識・イメージを持っているのか理解することができます。例えば比較サイトで「アフターフォローが充実している」と書かれているのであれば、自社サイトでアフターフォロー体制について具体的に書くことで「確かにアフターフォローが手厚そう」と安心してもらえるでしょう。

　また比較サイトに書かれたネガティブな情報や間違っている情報を把握しておくことで、自社サイトでフォローすることができます。例えば「料金体系がわかりにくくて間違えてしまった」という口コミが載っていたのであれば、サイト表記をわかりやすくする他、Q&A などで間違いがないように念押しすることも考えられます。

大事なのは、
サイトの「入口」と「出口」

　ここまでの流れをファネルで整理します。
　まず最初に行ったのは、自社にとっての潜在顧客がど

こに、どれくらいいるのかを推定することでした。そして、Google トレンドや競合分析ツールを使って、マーケットの状況を把握したのでしたね。ファネルでいえば左端、消費者の情報収集行動を推定したということになります。

　ファネルの真ん中、比較については、実を言えばあまり詳しい情報は得られません。競合分析ツールの結果を元に、比較サイトやランキングサイトで競合がどのような施策を行っているのかを確認したり、SNS での評判を確認したりして、ざっくりとした状況を把握するくらいでしょう。

　次は、いよいよファネルの右端。情報収集、比較を行った潜在顧客が、あなたの会社のサイトにやって来ます。
　自社サイトですから、当然ここでのデータが一番豊富に得られます。ただし、データがたくさんあるがゆえに、何をどうやって見ていけばよいのかわからなくなってしまいます。
　ここからデータの見方を解説していきますが、その前に１つ注意していただきたいことがあります。それは、自社サイトにサイト分析ツールの「Google Analytics」が導入されているのが前提ということ。もっとも、現在ではサイト分析ツールといえば Google Analytics の独擅場になっていますし、サイト構築の際には Google

Analytics を入れることが当然になっているため、ほとんどの企業サイトにはすでに導入済みであると思われます。また、Google Analytics の高度な設定は特に行っておらず、ほぼ初期状態で使っているものとします（たいていの企業サイトはおそらくそうでしょう）。

Google Analytics のダッシュボードを開いてみると、訪問したユーザー数、見られているページ等々、さまざまなデータや詳細なレポートが表示されます。**Google Analytics** は極めて多機能で、訪問者がどのようなサイトからやって来たか、どんな属性か、サイト内で見ているページは何か、離脱率はどれくらいかなども一目でわかるようになっています。けれど、弊社のお客さまに尋ねてみても、こうしたデータやレポートを活用されている方はほとんどいません。昨年よりユーザー数が10パーセント増えたなどと言われたところで、実際のところ何をどうすればよいかわからないものです。

サイト上のデータを分析するためには、いったい何を見ればよいのでしょうか。

大事なのは、細かいデータではなく、サイトの「入口」と「出口」を押さえるということ。

「入口」というのは、顧客が最初にやって来るページです。 サイトのトップ画面のこともありますし、カテゴリーのトップページ、商品の詳細ページ、あるいは広告や検索エンジンからのランディングページということも

あるでしょう。

「入口」から入った顧客は、サイト内を回遊していろいろなページを閲覧します。

そして最終的に、**その顧客がカートや資料請求フォームといった「出口」にたどり着いたらゴール**ということになります。サイト上での処理が完結したら、確認メールを送信したり、顧客データをCRM（Customer Relationship Management：顧客関係管理）データベースに登録したりといった処理が行われます。本章の最初に挙げた3タイプのうち、「営業型」ならここからさらに顧客へのアプローチが始まります。「OtoO型」なら店舗誘導などを行うことになりますが、顧客がサイトの「入口」から入って「出口」にたどり着くようにするという構造自体は、どのサイトでも同じです。

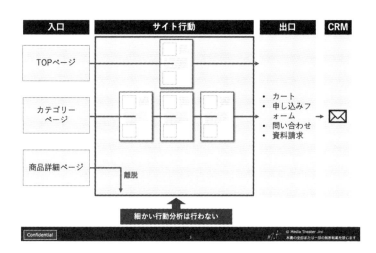

　Google Analytics を使い始めた人なら、サイト内で顧客がどう行動しているのかというデータが詳しくとれることに驚かれると思います。顧客は「入口」から次にはどんなページに進んでいるのか、サイトから離脱したのはどのページかなどなど、気になりますから、ついつい調べたくなるでしょう。

　しかし実は、こうした細かいデータを詳細に見たところで、意味のある知見はほとんど得られません。

　大事なのは、**どの「入口」から入った顧客が「出口」にたどり着いたか。そのルートを見つけ出し、どう改善すればもっと太くなりそうかを考える**ことなのです。

「入口」と「出口」を繋ぐ 太いルートを見つける

　では、どうすれば「入口」と「出口」を繋ぐ太いルートを見つけられるでしょうか。

　Google Analytics には、どのくらいの割合が「出口」にたどり着いたかという獲得率を、「入口」ページ別に表示する機能がありますから、これを使います。

　ものすごく流入が多くて獲得率も高い「入口」ページもあれば、あまり流入がなくて獲得率も低い「入口」ページもあるでしょう。「入口」ページをマトリックスで整理すると次の図のようになります。

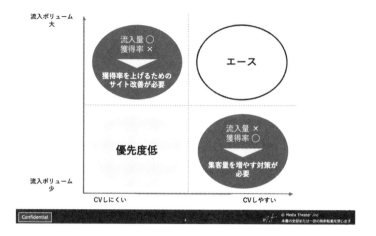

エースとなる「入口」ページは右上、流入も獲得率も両方高いページです。あまり流入はないけれど獲得率の高いページ、逆に流入はたくさんあるのに獲得率が低いページもあります。両方低いのはダメダメページですね。

まずは、どの「入口」ページがマトリックスでどこに位置するのか、きちんと分類を行ってください。

分類ごとにページを見ていくことで、取るべき施策が何となく見えてきます。

例えば、獲得率の高いページはほとんど広告経由で来ているとわかったのであれば、SEM（検索エンジンマーケティング）に力を入れて検索エンジンからの流入も増やそうと考えることもできるでしょう。

　比較サイトやランキングサイトからの流入が多いのであれば、そういったサイトに対して積極的に記事を載せてもらうようにするのがよさそうだと見当を付けることもできます。

定量データで
購買ステップを丸裸にする

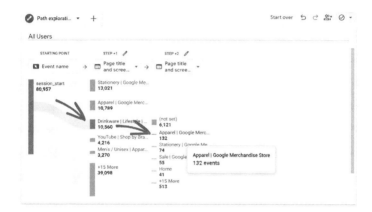

　Google Analytics を使えば、入口と出口はもちろんのこと、その間にどのようなページを、どのような順番で閲覧しているのかも量的に把握することができます。

　例えば、広告経由で来た人の4割がその後でQ&Aや「お客さまの声」のページを閲覧し、それから申し込み

フォームに遷移している。それに対して比較サイト経由で来た人の6割が一度 YouTube で動画を閲覧しており、その人たちはフォームへの遷移率も非常に高い。そういった購買までのステップがデータで具体的に可視化されます。

すると「広告経由の人は不安が多いため、Q&A や口コミで不安解消をしないと申し込みに繋がりにくい」「YouTube で具体的な利用イメージを見ると利用意向が上がる」と予想することができるので、それを踏まえて広告やサイトを改善することもできます。

自社サービスを指名している顧客を最優先せよ

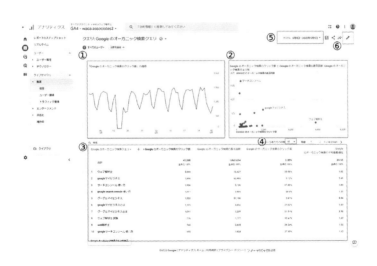

　Google Analytics を見れば、自社サイトに流入してきている人の検索キーワードがわかります。検索キーワードは大きく「指名（自社の社名・ブランド名・サービス名での検索）」と「非指名」に分けることができますが、**優先的に獲得すべきは前者の「指名で検索して来訪した人」です**。なぜなら指名検索の人は自社サービスに強い関心を持っている人であることが多いからです。中には「このサービスにしようと思っているけど、最後の確認がしたい」という人もいるでしょう。

　こうした人たちは既に自社サービスに興味を持っているので、説得は比較的容易です。まずは、自社サービスの特長や競合優位性をきちんと説明すること。そして料金、納期、キャンセル・返品などの不安をしっかりと解消すること。これを徹底すれば及第点です。及第点に至らないサイトが多いのが実情です。

　特に不安解消については「疑問に思った人が一所懸命探してようやく答えが見つかる」というレベルのサイトが多く、これではせっかくサイトに来た人を逃がしてしまいます。そうではなく、**「不安にすらさせない」「疑問に感じてもすぐに答えが目に入る」**というレベルが求められます。

　例えばバッグを売っているのであれば、商品画像の中に「バッグに入れられる容量の具体例」「ポケットや仕

切りの詳細」「ベルトやハンドルの取り外し」などがわかる画像が含まれていると良いでしょう。例えば EC サイトなら、送料、納期、返品可否やその時の送料負担などがすぐに目に入るようにします。

複数のコンバージョンをまとめる

　サイトによっては「出口」が複数種類のこともあるでしょう。EC サイトだけれど、メルマガの登録も行っているといったケースがこれに当たります。

　このようなケースの場合は、それぞれの「出口」に重み付けを行って、1つにまとめるようにします。

　例えば、購買とメルマガ登録という「出口」があるなら、購買は価値が高いので重みを「10」、メルマガ登録はそれよりもだいぶ価値が低いので重みを「1」にしておくといった具合です。

　商品の購買とメルマガ登録、それぞれについて CSV データを Google Analytics からダウンロード。流入数と獲得率の項目に重みを掛ける関数を追加して、2つの CSV データを合わせれば異なる出口をまとめたデータが簡単に出来上がります。

　重み付けをどうするのかは、あまり厳密に考えなくても大丈夫です。先のケースでいえば、メルマガ登録者の

うち、どのくらいの割合が購買と結びついているのかをデータで調べたくなるでしょうが、要はおおよその分布がわかればよいのです。

商品の購買とメルマガ登録は、関連性が高いので1つのデータにまとめて分析することには意味があります。

その一方で、別々に分析すべきページもありますので、注意してください。

例えば、カスタマーサポートへのクレームや、プレスリリースに対するメディアからの反応などを、購買といっしょに分析しようとするとおかしなことになってしまいます。

メディアからのアクセスはサイト全体の0.1パーセントくらいしかないとしても、テレビで取り上げられたら効果は絶大ということもありますから。

顧客の関心を探る、ヒートマップ解析ツール

「入口」の流入数と「出口」の獲得率を調べて、エースの「入口」ページがわかったら、補助的に利用した方がよいデータもあります。

その1つがページ内のヒートマップ。つまり、**訪問者がページのどこを見ているかという情報**ですね。

長いコラムページの下の方は全然読まれていない、商

品の魅力を訴えている重要なメッセージがスルーされている、ページの下の方にあるユーザー事例が関心を集めている、そんな意外なデータが得られることもあります。

あらゆるページについてヒートマップを調べる必要はありませんが、どのように改善するのかというアイデアを出すために、ヒートマップ解析ツールを活用するのは有効でしょう。

「社長の企業理念」なんて 誰も見ていない

あまりにもシンプルな分析なので、これでよいのか心配になる人もいるかもしれませんね。けれど、**「入口」と「出口」を結ぶルートを見つけることが最重要課題**であり、ざっくり見るだけで8割くらいはわかるものなのです。

逆に、細かく見たところで、それ以上の知見を得るのは難しいとも言えます。サイト内における経路分析や離脱率、滞在時間の分析などが気になる人もいるでしょうが、それらは些末なことに過ぎません。

まず経路分析ですが、自分がAmazonや楽天などで買い物をすることを考えてみてください。マンガを1冊買う時、もしかしたら著者ページを覗いたり、レコメンドされた商品ページを覗いたりすることはよくあること

だと思います。しかし、こうした顧客の行為1つ1つに何か連続した意図があるかといえば、そういうわけではないでしょう。表紙がちょっと気になったから拡大してみた、関連商品ページを覗いて見たけどなんか違うと思ったのですぐ閉じた……。

「入口」と「出口」を繋ぐルートは、人によって千差万別であり、専門家が相当な手間暇をかけて分析しない限り、よくわからないというのが実情です。Amazonクラスのプラットフォームが本気を出して分析しても、有意義な結果が出るかどうかという話で、多くの企業サイトで経路分析が役立つことはまずありません。経路分析をしてたまに特徴的な結果が出ることもあるのですが、そういう場合はたいてい「料金」ページだったりします。苦労して経路分析しても、「なるほど、みなさん料金ページを見てますね」という知見が得られるだけです。

離脱率はどうでしょうか。

もちろん、カートや資料請求フォームの途中で離脱しているのは大問題ですから対応しなければなりませんが、その他のページに関しては離脱率をあまり気にしても仕方ありません。そもそも、離脱率は低ければ良いというものでもないのです。

例えば、タレントを使ったネット広告を出した場合、そのタレントにしか興味のない訪問者が増えることになりますから、離脱率は当然上がります。また、コアな客

層をターゲットにキャンペーンを打った場合も、その
キャンペーンに興味のない訪問者は脱落しますから、離
脱率は上がることになります。

　この2つの例では、離脱率が上がっていますが、見込
み客が増えて売上が上がっているのであればまったく問
題はないわけです。離脱率が上がって売上が伸びるケー
スと逆に下がって売上が伸びるケースの両方がありえま
すから、**離脱率というのはとても KPI にはしづらい指
標だといえます。**

　滞在時間も同様です。**サイト担当者は滞在時間を伸ば
して幅広いターゲット層を捉えようとしがちですが、伸
びた方がよいかどうかは一概に言えません。**

　以前、弊社で、ある企業のサーバー販売サイトの改善
を請け負ったことがあります。このサイトでは、商品説
明ページがよく見られていて、滞在時間も長かったので
すが、問い合わせ件数が頭打ちになっていました。そこ
で、思い切って掲載されている情報を絞り、サイトの構
造をシンプルにしました。その結果、滞在時間は3割減っ
たのに、問い合わせは3倍に増えました。このサイトの
商品説明は長たらしく、何だかよくわからない内容だっ
たため、問い合わせに繋がっていなかったのです。

　私の経験では、アパレルなどの EC サイトでは、滞在
時間が長い方が売上が伸びる傾向がありました。これは、
訪問者がたくさんのアイテムを見ているうちに、気持ち

が盛り上がっていったのではないかと解釈できます。これに対して、携帯電話のサイトであまりにもプランが多くて複雑だったら気持ちが萎えてしまいますね。自社のサイトで滞在時間と売上がどのような関係にあるのかを一度確かめておくのも無駄ではないでしょう。商品の特性によってだいたい見当が付くことではありますが……。

　企業の担当者によっては、顧客に自社の「思い」が伝わっているかどうかを気にする人もいます。

　ものすごく力を入れて「社長の企業理念」や「開発者のこだわり」のようなブランドストーリーのページを作った。これを見てもらえればユーザーはきっと我が社のファンになってくれるに違いない。「思い」が伝わっているかどうか、データからわからないか……。

　あなたの気持ちはわかりますが、残念ながら**顧客は企業理念やブランドストーリーなどにまったく興味を持っていません**。例えば、友達とバーベキューパーティをやるためにクラフトビールを注文するとしましょう。そんな時に気にするのは、価格の他、どんなフレーバーなのか、ちょっとテンションの上がるパッケージかどうかといったことではないでしょうか。

　もちろん、商品ページにおいて、その商品の特徴を最大限魅力的に伝えることは重要です。しかし、企業理

念やブランドストーリーのページを用意したところで、ユーザーの購買行動がそれに影響されることはありません。

PVが大きく変動した時は
何かが起こっている

　自社サイトのデータを分析すると言っても、あまりにもシンプルなので拍子抜けしたかもしれません。

　繰り返しになりますが、大事なのはざっくりと8割の状況を把握すること。

　あまりにもデータを見過ぎると、かえって重要な変化を見落としてしまうことにもなります。

　Google Analyticsやサイトの状況を視覚化して見せてくれるBI（ビジネスインテリジェンス）ツールには、ダッシュボードが搭載されています。こうしたダッシュボードは使い方によっては便利なものですが、慣れてしまうとただダッシュボードをぼーっと眺めるだけになりがちです。先週に比べて今週はアクセス数がこれだけ伸びた、あるいは減った。そうやって週次レポートをマメに出力しては、一喜一憂してはいないでしょうか。

　サイトの構造を大きく変えていないのであれば、先月と今月とでそんなに大きく訪問者の構成が変わるわけで

はないのです。極端な話、**サイトをきちんと分析するの
は３ヶ月に１回でもかまいません。**週次レポートをま
めに出して状況を把握しようとするより、顧客にとって
有意義なコラムを書いたり、FAQ を充実させたりといっ
た改善に力を入れる方がよほど有効です。

　ただし、アクセス数や PV がいきなり増えるといった
イレギュラーな変化が起こっていないかはチェックする
ようにしておいた方がよいでしょう。アクセス数が 10
〜 20 パーセント程度増減するのは日常的によくあるこ
とですし、何らかのキャンペーンを行えば３割程度は変
動するものですが、それを超えて変動している場合は何
かが起こっています。

　よくあるのは、メディアで商品が取り上げられて訪問
者が急増したというケースですね。また、コロナ禍では、
教育関係の企業サイト全般のアクセス数が大きくブレる
という現象も起こりました。**アクセス数や PV が大きく
変動したら、検索エンジンや SNS で何か起こっている
のか原因を把握するようにしましょう。**ダッシュボード
ばかり見ていると、こうした基本的な対応をつい怠りが
ちです。

第**4**章

デジタルでわからない
顧客行動の調べ方

デジタルではよくわからない
顧客行動もある

　さて、ここまでファネルを元に、潜在顧客を推定し、マーケットの状況を把握し、自社サイトにおける顧客行動を分析してきました。

　実はもう１つ、非常に重要な分析が残っています。

　第１章で述べたことをもう一度思い出してください。

・定量的な分析と定性的な分析を組み合わせる
・両軸の分析を元に、改善のサイクルを回す

ということでした。

　ここまで行ってきたのは、すべて定量的な分析ですが、まだ定性的な分析については手を付けていません。

　自社サイトも含めてたくさんのデータを集めたように思うかもしれませんが、こうして集めたデータには「深さ」が足りません。わかるのは、あくまで訪問者がどこから自社サイトに来て、どこで抜けていったかだけです。

　第３章では、離脱率の話題を取り上げました。離脱率をKPIとして使うのは難しいということでしたね。

　仮に離脱率が30パーセントから40パーセントに上昇したとしても、顧客が「よし、店頭でリアルな商品を見てこよう」と思って離脱しているのなら、まったく問題

はありません。一方、商品ページがあまりにもわかりづらいせいで怒って離脱しているのであれば大問題です。

顧客が満足しているのか、怒っているのかもデジタルだけではよくわかりません。

そこで重要になってくるのが、リアルの定性的な行動観察です。

消費者調査を実際に行うことによって、デジタルだけではよくわからなかった顧客行動の意味が見えてきます。このような行動観察は、DXの担当者や上層部の思い込みを解くという面からも重要ですから、改善施策を行う前に必ず一度は行うようにしてください。消費者調査は、改善施策の仮説を立てるためにも、さらには改善施策がうまく行っているのかを確認するためにも重要な役割を果たします。

自分たちはどのくらい顧客像を把握しているか

仮説を立てるには、「Who(誰)」が「What(何)」を「How(どうやって)」購入しているのかを把握することが欠かせませんが、そもそもどの企業も驚くほど「Who」を把握できていません。

自分たちがどれくらい顧客について知っているのかを知るため、次に示す質問に答えてみてください。

・顧客が検討を始めるきっかけ

・顧客の検討期間

・顧客の検討プロセスと具体的な検討行動

・各フェーズで検討されるサービスと自社の位置づけ

・各フェーズで比較される競合

　いかがだったでしょう。簡単そうに見えて、意外に難しかったのではないでしょうか。この質問リストにまったく答えられないということは、顧客やマーケットについてほとんど何もわかっていないということ。その場合は、本格的な消費者調査に入る前に、仮説を立てるための予備調査を入れる必要があります。予備調査は、ネット上の消費者調査サービスでざっくりと行えばよいでしょう。典型的な質問項目は、次のようなものです。

・現在の○○関連サービスの申し込み・検討状況

・これまでに行った情報収集行動

・○○関連サービスと言われて思い浮かぶサービス名

・以下の○○関連サービスで、知っているもの

・以下の○○関連サービスで、具体的なサービス内容や
　特長を知っているもの

・以下の○○関連サービスで、優先的に検討したもの

・以下の○○関連サービスで、実際に申し込みしたもの

・○○関連サービス選びで重視するポイント

・○○関連サービス選びで決め手となったポイント

　例えばオンライン英会話のビジネスを行っているのであれば、「オンライン英会話で思い浮かぶサービスを3つ教えてください」「現在、優先的に検討しているサービスを選んでください」「英語学習サービス選びで重視するポイントを選んでください」「これまでに行ったことがある検討行動をすべてお選びください」といったところでしょう。こうした質問を500人〜1万人程度に配信して回答を得れば、ざっくりとした顧客のイメージが持てるようになるはずです。

　場合によっては（というよりよくあることですが）、ほとんどの消費者から御社のサービスや製品がまったく認知されていないという残酷な事実を突きつけられることもありますが、それも貴重な情報です。

　その場合には、御社のサイトで購入などのアクションを取ってくれた既存顧客を対象にしてもう少し詳しい情報を聞き出します。何回か購入してくれたロイヤルカスタマーと、一度購入はしてくれたもののそれっきりの方。この2つのセグメントについてそれぞれ5人ずつ、合計10人くらい呼んで調査を行うと違いが見えてきます。「購入に至った人たちは、商品が〇〇であるという情報に触れていた」ということがわかれば、その情報がより目に入るようにすると良いでしょう。「何回も購入してくれた人は、〇〇という使い方をしていた」といったことがわかれば、商品の利用案内に「〇〇してみて」と促すなどの施策が考えられます。

顧客セグメントを分解して、
実際に消費者に話を聞く

　基本の質問リストに答えられたのであれば、さらに顧客セグメントを明確化していきます。

　例えば、弊社では小学生向けの算数タブレット教材を販売しているのですが、顧客は大きく「中学受験をするかどうか」ではっきり２層に分かれます。

　中学受験をする層は、さらに「トップ校を目指す」層と「本人が無理なく行けるレベルを目指す」層に分かれますし、しない層についても「学校の授業についていければいい」層と「たんに算数が好き」な層に分かれます。顧客は、全部で４つくらいのセグメントに分かれているわけですね。

　写真スタジオなら子どもが息子か娘かによって衣装の凝り方が変わってきますし、老人ホームなら入居者が実親か義理の親かでも変わってきます。ちょっと怖い話になりますが、実親が老人ホームに入居する場合、顧客はサイトの情報を隅から隅まで見ますが、義理の親だと値段と食事内容、アクセス情報を確認するだけ、ということもあったり……。

　どういう顧客セグメントかによって、購買行動も大きく変わってくるのです。

　そうやって顧客セグメントが大まかに分けられたので

あれば、この段階で仮説を大まかに立ててみます。

第3章ではGoogleトレンドや競合分析ツールを使ってマーケットを推定しました。「この地域で中学受験はどの程度盛り上がっているのか」、「競合になりそうな企業はどこか」といったことが把握できているなら、「中学受験を考えている富裕層の多そうなエリアにフォーカスするのがよいのではないか」といった仮説が立てられます。

ならば、そのエリアに住んでいる保護者が、「子どもをどれくらい学習塾に通わせているのか」、「どんな学習管理を行っているのか」、「読み聞かせは行っているのか」といった情報を深掘りしていけば、さらに顧客像を深掘りしていくことができそうです。

ある程度、仮説を立てることができたら、顧客セグメントごとに消費者を呼んで調査を行います。

といっても、大げさに考える必要はありません。私の経験則では、セグメントあたり5人、それぞれ60分くらい調査すれば、購買における課題の8割はわかります。

顧客セグメントに合致する人が身の回りにいるのならその人を呼んでくるのでもかまいません。セグメントが大学生だというのなら、いくつか大学を回ってその辺を歩いている大学生に声をかけてもよいでしょう。

最初に行う消費者調査を、万全を期して完璧に行おうなどと気負わないでください。Whoは重要な足がかりではありますが、何度か調査を繰り返してWhoの解像

度を上げていけばよいのですから。極端なことを言うなら、セグメント分けがこの時点でうまくできなかったとしても、**性別や年齢、職業などがばらけた知人を数人呼ぶだけでも相当に有益な情報が得られます。**

消費者に「尋ねる」のではなく、消費者を「観察する」

　セグメントごとの調査対象を集めることができたら、実際の調査を行います。

　調査をするとなると、どの企業も根掘り葉掘り対象者を質問攻めにしようとするものですが、これは悪手です。

　消費者調査ではいくばくかの謝礼を払うわけですが、誰でも目の前に謝礼が出されていれば、質問者にとって耳触りのよい回答しかしないものです。このような調査を１時間行えば、上司の満足する「よい結果」が得られるかもしれませんが、実際の消費者は絶対に回答通りの行動を取ったりしません。言い方は悪いですが、**「消費者は嘘をつく」**のです。ならば、どうすれば消費者の本音を聞き出せるのでしょうか。

　企業の担当者は、ついつい自社のサイトを調査対象者に見せて感想を尋ねるということをやってしまいがちです。しかし、第３章で解説したファネルの「情報収集」や「比較」で潜在顧客がどうやって行動するのか知るこ

とができるまたとないチャンスなのですから、これを逃す手はありません。

　大事なのは、聞き出すのではなく、「観察」すること。**調査対象者が自由に行動できるようにして、行動を観察するのです。**

　仮に「英会話」のサービスについて調査するのであれば、「あなたが英会話を習いたいと思ったとして、どのような行動を取りますか」と尋ね、あとはできるだけ自由にさせる。それこそ、検索エンジンでどんなキーワードを検索するのか、YouTube やインスタグラムから調べ始めるのかといったことも貴重な情報となります。

　インスタグラムといえば、調理器メーカーのレシピサイトへの流入が減っている理由を弊社で調べたことがあります。この時、想定するセグメント層を行動観察してわかったのは、ほとんどのユーザーの行動がインスタグラムで完結しているということでした。自分の舌に合うレシピを挙げている配信者だけフォローして、他のサイトでレシピを調べたりはしないのですね。企業がレシピサイトで頑張っても無駄という残念な結論になってしまうわけですが、そのリソースを他に回すという選択肢を取れるようになったとも考えられます。

　また、調査対象者に自由に行動させると、サービス比較サイトに飛ぶことが多いのですが、ここでどのような行動を取るのかも要チェックです。

　特に、競合サービスとの比較は重要です。顧客は、御

社と競合のどの部分を比較しているのか。例えばホームセキュリティのサービスだったら、会社自体に信頼性を寄せているのか、それとも個々の警備員のプロフィールに関心を持っているのか、拠点の数が多いかどうかを気にしているのか、警備員が駆けつけるまでの時間なのか、はたまた値段しか見ていないのか。比較のポイントはたくさんありますが、顧客が何を重視しているのかによって攻め方は変わってきます。自社の売りだと思っていたポイントがまったく評価されていなかったり、ブランドイメージが「安かろう悪かろう」だったり。

　こうして自由に行動してもらうと「このサービスが気になったので、ちょっと公式サイトを見てみます」と自社サイトや競合サイトに遷移するケースも多いです。その場合は、そのまま自社サイトや競合サイトの使われ方を観察しましょう。被験者がずっとSNSや比較サイトを閲覧し続けた場合は、「普段だったら、この後はどうしますか」と聞いてみてください。被験者が「公式サイトを見ます」と発言したら「では、比較サイトでの情報収集が終わったと思って、次にこのサイトを見てみてください」と自社サイトや競合サイトへ案内しましょう（ある程度の価格の商品の場合、公式サイトをまったく見ないというケースは少ないのですが、その場合にはやや強引に「では、○○が気になったとして、ちょっとこのサイトを見てみてください」と誘導します。ただしこの場合、被験者の行動や発言はバイアスがかかっている可能

性があることを念頭に置きましょう）。

　被験者が自社サイトや競合サイトを閲覧している間も、まずは観察です。トップページのどこを見ているのか、特によく見ているページはどこか。同じページを読む場合でも、一瞬で下までスクロールするのと、じっくり時間をかけて読むのでは、まったく異なる行動です。「なぜここをじっくり読んでいるのか」「なぜこのボタンを押そうと思ったのか」など行動の背景にある理由は、あとでその行動を振り返りながら被験者に尋ねると良いでしょう。

　「文脈」にも注意してください。比較サイトで、何を比較していた人がどこを見ているのかによって、行動の意味は変わってきます。比較サイトで第一候補として御社のサイトを熱心に見ていたとおぼしき人と、それほど関心がなさそうにしていた人では、何が違ってくるのか。

　調査対象者自身の「文脈」も重要です。プリンタを選ぶにしても、自分が活用して業務を効率化しようとしている人と、上司から部内のプリンタをリプレースしろと命じられた人では、製品の選び方は当然変わってきます。文脈については、行動観察の前のヒアリングで「検討し始めたきっかけは何なのか」「何か希望、条件、制約などはあったのか」を確認しておくとよいでしょう。

　また自社サイトの調査では、調査対象者が「購買」や「資料請求」といったページまで進むのが理想ではありますが、無理に誘導してもデータが歪んでしまいます。あち

こちのサイトで検討だけして満足する人が多い、ということがわかるだけでも十分な成果だと考えましょう。

　繰り返しになりますが、調査対象者の語る意見は当てになりません。中には、「このページの下に、チャットボットを呼び出すボタンを置くといいよ」などという具合に、アドバイスしてくださる方もいらっしゃいます。けれど、注目すべきはフラットな状態に置かれた人がどう行動するかどうかです。声の大きな人の意見に振り回されないようにしてください。

　たいていの企業担当者は、自社の「ブランドストーリー」や「熱い気持ち」が消費者に届いているのか、とても気にされます。しかし、行動調査からわかるのは、消費者はそんなページをほとんど気にもしていないということ。企業担当者の手前、いちおうブランドストーリーについての意見も調査対象者に尋ねたりしますが、そうやってわざわざ尋ねてもほとんど印象が残っていないのです。

　企業担当者は消費者調査の様子を別室あるいはリモートで見ることも多いのですが、調査が初めての場合、誰しも衝撃を受けて無言になってしまいます。

　自社の売りだと思っていたポイントが、比較サイトではまったく評価されていない。ブランドストーリーなんて誰も関心を示していない。だけど、値段のページだけ熱心に見られている……。

　ショックだとは思いますが、そうした**消費者行動のすべてが、改善施策を考える貴重な情報となるのです。**

　付け加えておくと、消費者行動調査は経営陣に対する有効な説得材料としても使えます。

　経営陣の思い込みで、潜在顧客やマーケットを捉え損なっていることはよくあること。オンライン上での施策を進める前に、早い段階で行動調査を行い、関係部署とも結果を共有するのはよい考えだと思います。誰もがショックを受けるでしょうが、その後の施策を行う上で、社内のコンセンサスも取りやすくなることでしょう。

行動観察を行う時の チェックポイント

　行動観察で押さえるべきなのは**①文脈、②実際の行動、③その行動をとった理由**、の３つです。そのため、行動観察は①事前ヒアリング、②実際の行動観察、③振り返りという３つのパートで構成されるのが一般的です。

　例えばオンライン英会話の調査を行う場合、それぞれ以下のようなことを聴取・観察します。

①事前ヒアリング
- 英語を勉強しようと思った時期ときっかけ
- その時に考えていたサービスの種類とその理由（英

会話スクール、単語帳など）

・その時に考えていたサービス選びの条件や希望（予算、レベル、学習時間など）

・きっかけの後、どのような行動をしたのか

→「インターネットを使って調べた」ということなら行動観察へ。

「友達に相談をした」などなら、行動の詳細とそれによる検討状況の変化を確認

②実際の行動観察

・どのような行動をし、どのようなサイト（またはSNSや動画）を閲覧するのか

・そのサイトの中で何に注目し、何は見ていないのか

・どのような情報がわかると（またはわからないと）、他のサイトに遷移するのか

・どのサイト・サービスで申し込みボタンをクリックするのか。

③振り返り

・なぜ最初に○○という検索をしたのか（またはサイトを見ようと思ったのか）

・○○の情報をじっくり見ていたが、その理由は何か

・○○の情報を見ていなかったが、情報があることに気づいていたのか

・気付いていたのであれば、なぜ閲覧しなかったのか

・○○のサイトで申し込みボタンをクリックしたが、なぜ○○が良いと思ったのか

　行動観察のパートが長くなりすぎると振り返りが大変になるので、「検索や比較サイト閲覧の行動観察→振り返り→自社サイトや競合サイトの行動観察→振り返り」といった具合に、途中で振り返りを挟むと良いでしょう。

　SNSや比較サイトを閲覧している時、被験者は「どのサービスが良いんだろう」というサービス選びの足切りや、「どういう観点で比較すると良いのだろう」という選定ポイントの学習をしているケースが多いです。そのため、こうしたサイトで行動観察を行うと「自社サイトに来る前にどんなイメージや知識を身に付けているのか」「何を知りたいと思ってサイトに来ているのか」を把握することができます。

　自社サイトや他社サイトを閲覧している時は、「候補に残ったサービスのうち、どっちが良いんだろう」「不安なことがあるけど大丈夫かな」など詳細な比較・確認をする傾向があります。Q&Aなど、細かい情報までチェックされることも多いです。

　そのため消費者に提示すべき情報、効果的な見せ方などを、自社・競合サイトを叩き台にして探っていくと良いでしょう。

購買のキーファクターを突き止める

　行動観察は「どんな検討をしたのか」「なぜそのサービスを選んだのか」がリアルにわかる調査です。しかし「このような人がどのくらいいるのか」という量的な担保はしてくれません（しばしば「インタビュー被験者10人のうち7人が○○した」などという調査報告書を見かけますが、このような報告書が出てきた時点でその会社の分析能力を疑った方が良いでしょう）。

　そのため、可能であれば定量調査と定性調査を組み合わせた分析が望ましいです。よくあるパターンは「定量調査で代表的な顧客像を把握し、定性調査でその具体的な行動やその理由を深掘りする」というパターンです。特におすすめなのが「申し込みに繋がる顧客像」「継続利用してくれる顧客像」など売上に繋がる顧客の特徴を把握し、その人の行動を深掘りすることで「再現すべき成功パターン」を探る調査です。

　例えば、とある食材宅配サービスでは、体験セット購入後の継続利用割合が低いことに悩んでいました。そこで「どんな人が本申し込みに繋がっているのか」を、量的に分析しました。性別、年代、子供の有無、申し込み経路、申し込み時期などで分析しても有為な差が出な

かったのですが、「体験セットに卵が入っていたかどう
か」で分析すると、継続利用率に大きな差がありました。
そこで「体験セットに卵が入っていて、継続申し込みを
した人」にインタビューをしてみると「卵かけご飯にし
て食べたら、市販の卵との違いを感じた」「野菜なども
美味しいのだろうけど、野菜炒めを作ったところ、決定
的な差は感じなかった」ということがわかったのです。

　ここまでわかると「体験セットには必ず卵を入れる」
「ぜひ卵かけご飯などシンプルな料理で食べるようにチ
ラシを入れる」といった打ち手が考えられます。このよ
うに、定量調査と定性調査を組み合わせることで、量的
な確からしさを担保しながら、次の打ち手に繋がる「な
ぜ」「どうすれば」が見えてくるのです。

公式 SNS はほぼ無意味。
むしろ「エゴサ」で活用せよ

　X（旧ツイッター）やインスタグラム、TikTok、
YouTube など、さまざまな SNS に企業がアカウントを
開設することは今ではごく当たり前のことになりまし
た。

　SNS でバズれば、サイトへの訪問者が増え、売上も
増えるのではないか。これからは、SNS マーケティン
グだ……。

そんな風に考えて、毎日のように SNS に頑張って投稿している担当者も多いのではないかと思います。

　売上を増やす DX という本書の観点から、SNS はどのように扱うのが効果的でしょうか。フォロワー数や「いいね」の状況について、きちんと分析すべきでしょうか。

　結論から申し上げますと、**「SNS は放っておきましょう」**ということになります。

　もちろん、ファッションや化粧品といった、SNS との親和性が非常に高い商品を扱い、SNS マーケティングに本格的に力を入れて、インフルエンサーを巻き込んで大きなキャンペーンを張ったりしているというのなら話は別です。

　しかし、**大企業であっても、効果的に SNS を使えている例はほとんどない**のが現状です。

　「そうは言っても、SNS で話題になっている投稿があるじゃないか」「SNS がきっかけでヒットした商品の記事を読んだぞ」、そう言いたくなるかもしれませんね。でもそれは、極めて珍しい例だから記事になっているのです。

　美しい自然の中に自社製品を置いて、プロフォトグラファーに撮影してもらう。

　面白コンテンツの得意な専門の担当者をアサインして、毎日投稿してもらう。

　SNS 上で大喜利企画を開催して、ユーザーから投稿

を募る。

そうした企画は、ものによっては1件当たり100万円単位でお金がかかることもザラですが、ではその効果はいかほどでしょう。

SNSで話題になった投稿があったとしても、それが企業サイトでの購買行動に結びつくことはまずありません。SNSの投稿がどのような影響をもたらしているかについて、私もいろいろな企業のデータを分析してみましたが、購買と紐付けられるような効果は認められませんでした。仮に大規模なSNS上のキャンペーンを実行したとしても、実際の購買行動と結びつけられるのは、ほんの一つまみのパターンだけでしょう。

企業の公式アカウントがフォロワーや「いいね」をいかに増やそうが、売上とは無関係です。

面白投稿で話題の企業アカウントもありますが、そうした企業の業績がSNSで良くなっているかといえば、そんなデータはありません。SNSの投稿によって企業イメージが良くなり、よい人材が採用できた……といった副次的な効果が出ている可能性もゼロではないでしょうが、それが本当にそうなのか答えられる人はどこにもいません。優秀なエンジニアをSNS採用するために専任の担当者を置いてダイレクトリクルーティングを行うなど、明確な意図があってSNSを使っているのなら別ですが。

企業の公式アカウントで行うのは、せいぜいプレスリリースの投稿や、自社製品について好意的に触れている投稿をリツイートするくらいで十分。

**　公式アカウントで話題づくりをするより、インフルエンサーが一言ツイートしてくれた方がよほど費用対効果の高い施策になります。**

　では、SNS はマーケティングにまったく役に立たないのでしょうか。

　そんなことはありません。公式アカウントからの情報発信ではなく、消費者の声を聞くためのツールとして割り切って使うのであれば、SNS は強力な武器になります。

　自社名や商品名で「エゴサ」、つまり「エゴサーチ」を行い、どんな反応が出ているのかを確認してみる。SNS 投稿の感情分析サービスもありますが、そこまで詳細に分析しなくても、投稿を一覧表示してざっと眺めるだけでも傾向は掴めると思います。

**　「エゴサ」を行ってみると、意外な消費者の視点に気づかされることが少なくありません。**昔からの定番商品がなぜかレトロだと大人気になっていたり、自信の新作が大不評だったり。

　消費者の定性的な意見がタダで手に入れられる SNS を活用しない手はありません。「いいね」は忘れて、「エゴサ」ツールとして SNS をきちんと活用しましょう。

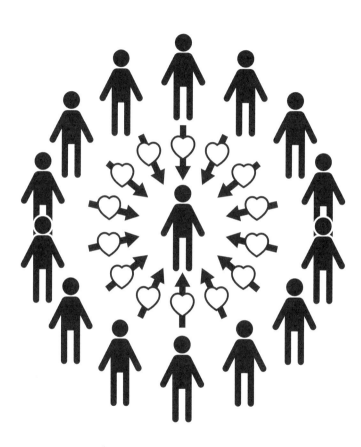

定性調査と定量調査を積み重ねて、広告の成功確率を上げる

株式会社リクルート
マーケティング室 販促領域マーケティング４ユニット
ENGLISH マーケティンググループ グループマネージャー
奥田真嘉氏

テレビ CM の制作には多額の予算がかかるが、これまで効果検証が十分に行われてきたとはいいがたい。リクルートの奥田真嘉氏は、定性調査と定量調査を積み重ねることで、テレビ CM の成功確率を高める手法を編み出した。

定量調査だけでは、顧客が見えない

――「スタディサプリ ENGLISH」のテレビ CM 開発では、仮説検証や消費者調査を徹底しているそうですね。

そう考えるようになった１つのきっかけは、スタディサプリ ENGLISH に関する定量調査（数値や量で表せるデータを集計し、分析する方法）と定性調査（対象者と対面して意見を求める方法）の結果が大きくズレていたことがあったからです。スタディサプリ ENGLISH は、リスニングや書き取り、スピーキングといったレッスンを用意しており、それらを短時間で効果的に学習できる

ことをアピールしているつもりでした。

　ところが定性調査を行ってみると、「1回3分で使える英単語アプリだと思っていたので、契約しませんでした」という方がけっこういらっしゃったのです。定量調査の読み解きだけでテレビCMを作っていくのはまずいと感じました。

　考えてみれば、定量調査で出てくる結果というのも、結局のところ1人1人がどう感じたかという定性の集合体です。きちんと顧客起点の定性調査に基づかないと、顧客がCMをどう捉えているのかがわかりません。

　デジタル広告の場合、広告アカウント内に表示される定量データを元に施策を打って、ある程度までは成果を上げることができます。しかし、顧客を深く理解して施策を打てば、さらに高みを目指せるのではないか。顧客を理解して仮説を立てた上なら、A/Bテストで比較する素材も違ってくるでしょう。

定性・定量調査を繰り返して、
CM制作のリスクを下げる

――「スタディサプリ ENGLISH」のテレビCMは、どんなプロセスを経て作られているのですか？

　事前設計として、ターゲットとなる顧客像、アピールするポイント、最終的なCMの大まかなイメージについて、仮説を簡潔にまとめます。この仮説を元に、指標を設定し、事前検証用の調査設問を作ります。例えば、テレビCMを見て「スタディサプリ」と検索して申し込む人が多いと想定するなら、結果指標はCVと

売上に設定し、「（××というアピールポイントのある）スタディサプリを使ってみたいと思いますか？」という調査設問を作るわけです。

　次のステップでは、マーケター自身がCMのコンセプトボードを複数作り、定性調査と定量調査を行っていきます。定量と定性の両面から調査を行うことで、定量調査では弱くとも、定性で好印象だった要素を取り込むといったことが可能になります。

　そして、調査によって見えてきた効果的な訴求要素を元に、ビデオコンテとなるアニメーション素材を何パターンか作成。やはりここでも定性調査と定量調査を行い、反応のよかったものを元に実際のテレビCM撮影へと進めることになります。ちなみに、撮影後の実素材できちんと調査結果が再現できているかについても、再度調査を行うようにしています。

　さらに、実際のテレビCMの放映後には、放映結果が自薦に設定した指標とどの程度ズレているのかも検証します。

　新しいプロダクトを立ち上げる時など、顧客理解がゼロの状態でテレビCMにチャレンジするのは非常に危険です。定量調査

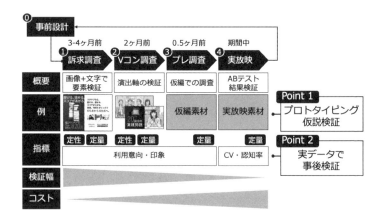

と定性調査を積み重ねることで、こうしたリスクをある程度コントロールするべきでしょう。

――自社プロダクトの強みというのは日々それほど変化するものでもないと思いますが、そうなるとA/Bテストにおける仮説も枯渇してくるのではないでしょうか?

　プロダクトの強みを固定してしまうと、"How to say"をどう磨くかだけに専念するようになってしまいがちです。プロダクト自体も改善しつつ、同時にプロモーションを行うというのが、ベースの考え方になります。

　スタディサプリでもセットプランを追加するといったプロダクト拡張を行っており、こうした施策によって単品プロダクトの場合よりもLTV（Life Time Value：顧客が企業に生涯を通してもたらす利益）が伸びています。また、BtoC向け15秒CMのラスト1秒に「法人向けサービスも続々」というBtoB向けメッセージを入れて、ブランドイメージを拡張するといったことも行っています。

広告主・事業会社と
代理店で議論を交わす

――テレビCMを打てるのはかなり大手になりますが、もっと小規模な予算の場合はいかがでしょう?

　ウェブ動画広告を作る場合、何も考えずに代理店様に丸投げし

てしまう会社もあると思うのですが、定量調査、定性調査も絶対に行った方がいいですね。また、広告主・事業会社は、つい「自分たちは映像の素人だからプロにお任せしてしまおう」と考えがちですが、それはやめるべきでしょう。

広告を制作する際の打ち合わせは、代理店側がプレゼンを読み上げる儀式になることが多いと思います。しかし、私たちが代理店様と打ち合わせを行う際には、代理店チームの提案する絵コンテを読み込んで、議論すべきポイントをこちらから提案するようにしています。一方がプレゼンをして、片方はそれを持ち帰るだけということは一切やりません。

広告主・事業会社のマーケター自身が、絵コンテまでは無理にしても字コンテは作ってみて、クリエイティブディレクターとディスカッションするのが理想です。「必ずしもこれが良いとは限らないですが、例えばこういうコンテはどうでしょうか」とお互いの意見をフラットにぶつけてみるのが重要だと思います。

当然、素人の作った字コンテにはプロからすれば変なところもあるでしょうが、逆に映像や企画のプロには事業ドメインや顧客に対する情報が不足しています。そうした情報がないと、CMではなく単なる映像作品になってしまいます。

CMとして見られ、かつターゲットに届くものを作るためにも、広告主・事業会社チームと代理店チームが1つのチームとして、いっしょに仮説を練り上げて、よいクリエイティブを作っていってほしいですね。

第 **5** 章

売上を作るための
深掘りと改善施策

最優先に行うべきは
「バケツの穴」を塞ぐこと

　第3章、第4章のデータ分析と消費者調査。この2つを行ったことで、定量的、定性的、両方での分析を行うための素材が揃いました。現実の消費者の行動を見ることで、「Who（誰）」、「What（何）」、「How（どうやって）」の具体的なイメージが固まってくるのです。

　ここから成果を高めるための仮説を立てて、改善施策を行うことにしましょう。

　そこで思い出していただきたいのが、第3章で紹介したファネルです。潜在顧客は「情報収集」→「比較」のプロセスを経てサイトを訪れ、「購買」などのアクションに至るのでしたね。

　フェーズ別の対策を整理すると、
・「情報収集」フェーズ：広告出稿の見直し、SNS上での露出・評価を高める施策
・「比較」フェーズ：比較サイトやアフィリエイトサイトの対策
・「購買」フェーズ：自社サイトの改善
となります。

　では、どこから改善に手を付ければよいのでしょう。

とにかく広告を増やすべきか、比較サイトでの露出アップに注力すべきか、自社サイトの改善を行うべきか。

どんな会社にとってもまず改善すべきは自社サイトです。その理由を「バケツ理論」で説明しましょう。

ネットにおける人の流れを水でたとえるなら、広告出稿は水の量を増やす行為ということになります。そうやって増やした水が、比較サイトやアフィリエイトサイトを経由して、あなたの会社のサイトまで流れてくるわけです。しかし、せっかく水を誘導したのに、最終的に水が溜まるバケツに穴が開いていては意味がありません。

まずは、ちゃんとバケツの穴は塞いでおこうということです。それこそ広告予算を湯水のごとく使えるならすべてのフェーズについて改善を同時に進めるのも「あり」でしょうが、基本的には自社サイトの穴から塞ぎ、それから集客を増やすのが定石です。

自社サイトの改善は「入口」から

自社サイトを改善するといっても、いったいどこから手を付ければよいのでしょうか。

ここで第3章の「入口」と「出口」の説明を思い出してください。

最初に顧客が入るサイトの「入口」と、「出口」すなわち購買や資料請求など顧客が最終的なアクションを取るページは、どのようなルートで繋がっているのかを見つける。そして、そのルートを太くすることで、成果を高められるのでしたね。

　たいていのサイトにおいて、「入口」はサイトのトップページや人気商品の商品ページ、広告からのランディングページなどになります。

　「入口」から入った顧客は、そこに書かれているメッセージを読んで商品に対する興味を高め、より詳細な情報を参照しようとします。そして、納得感が得られたら、カートなどの「出口」へと進みます。

　したがって、改善するプライオリティは、まず「入口」。次に、「入口」から入った人が参照するページ。最後がカー

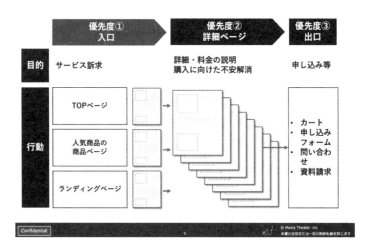

トなどの「出口」ということになります。

技術的な難易度から考えても、この順番で改善を進めるのが妥当でしょう。

「入口」になることの多いトップページやランディングページは、内容を修正するのが容易です。次に進む詳細情報ページは、「入口」の作り方によって変わってきますから、まずは「入口」を固めるべきでしょう。一方、「出口」であるカートは、決済システムや顧客情報システムと結びついているため、改修にはエンジニアが必要になってきます。場合によっては、部署間の調整も行わなければならないかもしれません。

難易度の低い「入口」で何度も改善サイクルを回し、十分に改善できたと思ったら、システム的な難易度の高いカートなどの改善を行うべきなのです。

ファーストビューの 5つの要素を作り込む

サイトの「入口」は、あなたの会社が顧客に対して最初に語りかけるページです。どんなプレゼンについても言えることですが、「つかみ」がしっかりできていなければ、聴衆にその先の話を聞いてもらうことはできません。

ページの中でも、アクセスした時にスクロールせずに

表示できる領域のことは「ファーストビュー」や「Above the Line」と呼ばれます。「ファーストビュー」の内容に興味を持って初めて、顧客は画面をスクロールさせよう、あるいは別ページに飛んで詳細を見ようという気になるのです。**5割強の人はこのファーストビューしか見ていない**という調査結果も出ています。

つまり、「入口」のファーストビューに、顧客が買いたくなる、申し込みたくなる最低限のメッセージが掲載されている必要があるということです。実際に申し込んで貰うためには価格などの情報も必要になってきますが、まずは顧客をその気にさせなければ何も始まりません（もちろん、一番重要なメッセージが価格ということもあります）。

それでは、ファーストビューに入れるべき要素とは何でしょうか。

うまく作られたファーストビューには、大まかに次の5つの要素が含まれています。

❶**キーメッセージ**
❷**特徴**
❸**ゴールへの誘導**
❹**実績**
❺**詳細情報への誘導**

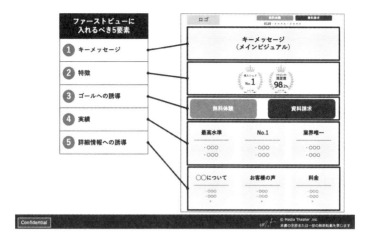

　❶のキーメッセージは、製品・サービスの最も訴求したいポイントを一文に凝縮したもの。顧客がなぜこの製品・サービスを選ぶべきなのかを簡潔に説明します。

　❷では、製品・サービスの特徴を具体的にいくつか挙げます。

　❸は、購買や資料請求などのゴールに移動するためのボタン。

　❹の実績とは、顧客に信頼してもらうための裏付け情報。サービスを導入した企業名や、ランキングや顧客調査の結果などがそれに当たります。

　❺は、価格や競合との比較などの情報といった、さらに詳しい情報を表示するページへのリンクです。

　企業がたくさんのサービスや製品カテゴリーを持って

いる場合、サイトのトップページは振り分け役に徹することになりますが、その場合は個々のサービスやカテゴリーページが「入口」です。

また、第3章で行ったデータ分析の結果、顧客がまず商品説明ページに飛んできているのであれば、そのページを「入口」と考えて、やはりファーストビューの5要素をきちんと入れ込むようにします。

自社の強みを比較表に落とし込む

ファーストビューの5要素の中で**最も重要なのが、①のキーメッセージ**です。

キーメッセージを考える際の有効な手法が、最初に競合との比較表を作ってしまうというもの。比較表をそのままサイトに掲載しないとしても、自社の強みを改めて考え直すことになりますし、後で述べる比較サイト対策も進めやすくなります。

第3章のデータ分析では、どの企業やサービスが自社の競合になるのかを調べました。こうした競合に対して、自社はどんな強みがあるのか、あるいはどんな弱みがあるのか。

まずは、自社の強みだと思われるポイントを全部書き出してみましょう。弱みに関してはそのままサイト上に

掲載しなくてもよいですが、少なくとも自社内ではきちんと把握しておかなければなりません。自社の弱みを競合が強みとしてアピールしているのであれば、文言を工夫してでも比較表には入れ込まざるを得ないでしょう。

また、BtoCとBtoBでは、比較表に入れるポイントも変わってきます。BtoCの商品・サービスであれば、価格も含めて個人の消費者が納得すればよい話です。一方、BtoBの商品・サービスを買ってもらうには、個人の担当者が納得すればよいのではなく、組織内のコンセンサスを得られるようにしなければなりません。

そのためのポイントはだいたい決まっており、実績、サポートといったところを押さえておけば大丈夫です。実績というのは、顧客と同規模の企業でどのくらい導入された実績があるか、受賞歴があるかといったことですね。BtoBでは、購入してからのサポートも重視されます。BtoBでは費用対効果も重視されますから、競合との機能差と価格差を明確にするのもよい作戦です。こうしたポイントを押さえた上で、商品・サービスの優位性を盛り込んで比較表を作っていってください。

自社で複数の製品・サービスを持っているのであれば、それぞれについて比較表を作りましょう。数百種類もあるというのであればともかく、10くらいの製品カテゴリやサービスについては億劫がらないことです。

またサービスによっては、対象顧客は初心者と上級者といった具合に複数セグメントを含むこともあるでしょ

う。その場合は、初心者にとっての比較表、上級者にとっての比較表を別々に作ります。

【例】ビジネス英会話スクールの比較表

	英会話 自社	競合A社	競合B社	競合C社
知名度	◎	◎	△	○
英語力向上の実績	○ TOEIC平均30点向上	×	◎ TOEIC50点向上を保証	×
受賞歴等	×	オリコン1位	顧客満足度94.7%	×
月謝	4980円～	2980円～	19,800円	2480円～
1回当たりの料金	約450円～	約990円～	約1900円～	約890円
レッスン時間	65分	30分	60分	25分
講師の出身	インド中心	フィリピン中心	日英バイリンガル	－
講師の経歴・能力	ビジネス経験あり 30時間以上の研修	－	－	－
レッスン形式	オンライン	オンライン	対面	オンライン
ビジネス英語専門	◎	○ ビジネス英語コースあり	◎	×
無料体験レッスン	1回のみ	1回のみ	1か月	なし

　こうして作った比較表は、自分たちが一番取りたいと考えている顧客へのアピールになっているはずです。この内容がキーメッセージや広告のランディングページ、SNSでの発信、あるいはオウンドメディアの記事、パンフレットへと展開されていくことになります。

　ただし、この比較表も一度で完璧なものができるとは思わないでください。後で述べるように、改善のサイクルを回す中で、比較表もブラッシュアップさせていくことになります。

「No.1」や「満足度 95％」は やっぱり有効

　ファーストビュー5要素の1つであり、比較表にも入れ込む「実績」。この実績があるとないでは顧客に対する説得力がまったく変わってきます。とにかく**アピールを裏付ける素材やデータをできるだけかき集めて、ちゃんと「売り」を作りましょう。**

　売りを作るというのは、捏造するという意味ではありません。自社の強みがどこにあるのか定義できているのであれば、それを裏付けするデータは必ずあるはずです。契約件数や金額ベースのシェア、売上、顧客満足度、リピート率、受賞歴、導入事例などなど、大きな企業でも意外にこうしたデータをきちんと把握していなかったりします。

　「うちのサービスはみなさんに満足いただいています」という企業の方は多いのですが、「満足度は何パーセントですか？」と尋ねても「わかりません」と言う人がほとんどです。きちんと顧客満足度やリピート率は数字に落とし込みましょう。顧客満足度やリピート率の調査結果はもちろん有力な裏付けになりますし、最近では「価格満足度」という指標もよく見かけるようになりました。もちろん、こうした調査はインチキなしできちんと行う

必要がありますが、肯定的な結果が出るよう、質問項目にはそれなりに工夫を凝らすことになります。例えば、ビジネス向け英会話のサービスなのであれば、「実践で使える英会話だと感じているか」について、質問の仕方を変えて重点的に尋ねるといったことは行うべきでしょう。

　「満足度、90パーセント！」、「リピート率、90パーセント！」、「○○で1位！」など、**頭に9の付く数字や1位はやはりマーケティング効果が大きい**ですから、何とか入れたいところです。「うちが業界最大手だということは常識なんだから、今さら言わなくてもいいだろ」と思っている偉い人はただの傲慢です。世の中の人は、思っている以上に何も知らないものです。

　もっとも、誰に何を聞いてもよい結果が出ないというのであれば、それは商品・サービスが売るべきではない粗悪品だということ。マーケティング施策やDXがどうするという話ではなく、きちんとよいものを作るところからやり直すべきではあります。

「最近はどの商品にも『満足度95％』とか書いてあるけど、私はそんなのに騙されない」「ランキングNo.1って書いてあるからといって、買う訳じゃない」

一人の消費者としては、そう感じる人も多いでしょう。しかし実際には、「95％」や「1位」といった表記があるのとないのとでは、コンバージョン数に大きな差が出ます。

あるプロジェクトで行ったA/Bテストでは、「満足度95％」といった表記を載せた場合には、表記なしの場合よりも1.7倍の申し込みがありました。

色んなサイトで見かけるということは、それだけ効果があるということ。「ありきたり」の一言で却下せず、積極的に取り入れていきましょう。

「優位性」「裏付けとなるデータ」「ゴール誘導」などをコンパクトに網羅する

自社サイトにおいては、自社の優位性や裏付けとなるデータ、No.1などを効果的に訴求することが求められます。また興味を持ってくれた人を問い合わせや申し込みへ誘導するためには、「問い合わせ」「購入」「申し込み」などゴールボタンを上部に配置することも欠かせません。

こういった要素が「サイトを開いた時に、すぐに目に飛び込んでくる」サイトは、「来訪者を逃さない良いサイト」と言えるでしょう。

RISU（https://www.risu-japan.com/）

・「No.1」「1位」という訴求で、安心感・信頼感を醸成
・「サービスお申し込み」というCVボタンをページ上部に配置
・「効果」「手厚いサポート」などの強みが伝わるよう、色付きの文字や大文字で強調
・「75%のお子様が、学年より上のステージを先取り！」「サービス満足度91.5%」「学習継続率92.7%」とデータや数字で納得感を向上

スタジオマリオ（https://www.studio-mario.jp/）

- 右上のナビゲーションに、常に「ネット予約」というゴールボタンを露出

- 近くにスタジオがあることが重要な業態だからこそ、ナビゲーションに「店舗検索」ボタンも露出

- 「スタジオマリオなら！！」というエリアで、強みをコンパクト且つわかりやすく強調

- 「衣装制限なし」「追加料金なし」という、消費者の不

安に繋がるポイントをあらかじめ解消（→ 154 ページの「新規顧客が抱える６つの不安とその対策」も参照）

キーメッセージは、外注せずに自社で考える

　比較表や実績が作れたら、キーメッセージも作りやすくなったはずです。

　キーメッセージはコピーライターに外注したくなるかもしれませんが、これは必ず自社で行うこと。少なくとも最初の叩き台は自社で考えるようにしてください。

　テレビ CM や書籍の帯のように、不特定多数の人目を引いて集客するのが目的なら、確かにプロのコピーライターに依頼する意味もあるでしょう。しかし、キーメッセージが対象としているのは、あなたの会社の製品やサービスに多少なりとも興味を持ってやって来た人。つまり、集客はすでに終わっており、興味を抱いた人に具体的な情報を届けるのが目的です。

　キーメッセージは、奇をてらったものである必要はありません。「生きろ。」とか「おいしい生活」などといきなり言われても、顧客は面食らうだけですから。少々出来が稚拙であっても、自社のサービス・製品に通じた人間が「売り」を確実に伝えるようにしましょう。

　最近は、ファーストビュー全面に派手なイメージ動画

を入れるサイトも増えてきました。企業としては「イケてる感」を出すためにこうした動画を入れたがるのですが、消費者からすれば動画が入っていようがどちらでもよい話です。

　動画を入れると多少なりともページは重くなりますから、回線や端末など顧客の環境によってはファーストビューがスムーズに見られなくなる可能性もあります。そんなリスクを取るくらいなら、最初から静止画にしておいた方がはるかによいと言えます。

　もっとも、動画のすべてがダメということではありません。商品を使っている具体的なイメージを顧客が思い浮かべられる、10 〜 20 秒程度の動画は非常に効果的です。そうした説明動画をファーストビューに入れるにしても、まずはしっかりキーメッセージが作られていることが前提となります。

仮説を立てて、複数のプロトタイプを作る

　ファーストビューに入れるべき5つの要素が揃ってきたら、プロトタイプをいくつか作ります。

　キーメッセージを作っている過程では、どういう顧客に刺さる方向を目指すべきなのか、おそらく悩まれたのではないでしょうか。

例えば、会計アプリを売りたいのであれば、「どんなニッチな用途にも対応できる多機能さ」を打ち出すべきか。あるいは、「人事が選ぶ会計アプリベスト3に、10年連続選出」をアピールすべきか。それとも、「年間利用コストがとにかく安い」ことか。

　どういうキーメッセージにするかによって、ファーストビューの作り方はまったく違ってきます。

　キーメッセージの候補を3つくらいに絞り、それぞれについてプロトタイプを作るようにします。

　最近は、「Figma」や「Adobe XD」などのデザインツールが人気を博しており、こうしたツールを使えばリンクやボタンも作動する、プロトタイプを簡単に作ることができます。ツールは自分が使いやすいものであれば何でもよく、極端なことをいえば「紙」でもかまいません。

　紙を使った「ペーパープロトタイピング」は、デザイン分野でよく使われる手法です。駅や店舗などの端末画面を改善したい時、いちいち実地でテストを行うのは大変ですから、まずペーパープロトタイピングで消費者の大まかな反応を確かめるのです。紙なのでその場でちょいちょいと内容を変更することもできますしね。

行動調査でプロトタイプに対する反応を見る

　ファーストビューのプロトタイプができたら、第4章の最初に説明した行動調査で顧客の反応を確かめます。

　まだどの方向性を目指すべきか固まりきっていないのであれば、知人を呼んで簡易的に行うのでもかまいませんし、モニターパネルのサービスを使ってもう少し本格的な調査を行うのでもよいでしょう。

　プロトタイプに対する調査においても注意点は同じで、調査対象者に尋ねるのではなく、「観察」することを徹底してください。

　複数のプロトタイプを見せて「どれがよいですか」と尋ねても、大した知見は引き出せません。

　「会計アプリの比較サイトで3位になっていたので、ちょっと興味を持ってサイトを訪れたと思ってください」という具合に、大まかな文脈だけ作り、プロトタイプを見せて反応を観察します。

　この際、**「思考発話」という手法も有効です。調査対象者の心に浮かんだことを、そのまま発話してもらうのですね。**

　「うーん、この特徴って何を言っているのかよくわか

んない」、「これについてもうちょっと詳しく知りたいかな」、「このサービスって、大企業向けだよなあ」。そんな具合に、とにかく浮かんだことをひたすら口に出してもらうのです。

　そうやって観察していると、思わぬ反応が得られることもあります。例えばBtoBのサービスで顕著ですが、「実績」には必ずしも大企業の名前を入れておけば良いというものではありません。大企業、有名企業の名前ばかりずらりと並んでいると、「このサービス、うちにはちょっと大げさすぎる」と感じてしまうことは少なくないのです。

　先の節では比較表を作り、それを元にして売りとなる特徴をファーストビューに入れたと思いますが、どんな特徴が調査対象者に刺さるのか、あるいはスルーされるのかも注意して観察しましょう。

　行動調査を行うと、企業側が思っていなかった方向が支持されていることがわかったりもします。得られた結果を元に、再度ファーストビューのプロトタイピングを行ってみましょう。比較表に含まれる特徴のうち、反応の良かった項目はどれか。自信を持って入れたにもかかわらず、完全にスルーされたのはどの項目か。価格への反応はどうか。大企業での実績を打ち出した方が良いのか、逆に中小向けを打ち出すべきか。

プロトタイピングなのですから、実際には導入されていなくても、とりあえず大企業のロゴを仮に入れておくのも良いでしょう。

このような調査を行うと、ファーストビューからどんなページに飛ばせばよいのかも見えてきます。関心を持たれることの多い特徴について詳細ページを用意したほうが良さそうだということも見当が付くでしょう。導入実績についての反応が良いのであれば、詳しく導入事例を解説したページが必要になりそうです。サプリメントなどで「健康になる」というキーワードに対して反応が良いのであれば、どんな風に健康になったのか補足する情報が必要でしょう。

どんな特徴を入れ込むかなど組み合わせは膨大なので、プロトタイプをいったい何パターン作ればよいのか、途方にくれるかもしれません。けれど、重要なのは、キーメッセージが方向性を支配するということ。

キーメッセージを磨き、そこにどんな付随情報を載せるか、どんな見せ方をすればよいのか、という順番で考えるようにしてください。

「入口」のファーストビューでも、広告からのランディングページなどは特に改修が簡単です。最近の Web 制作ツールは、複数のパターンを自動で出し分けて、どちらの反応が良いか結果を教えてくれる「A/B テスト」の

機能も充実していますから、気負わず何度も改善を行うのがよいでしょう。

　行動調査、A/B テストを何度か繰り返すうちに、ファーストビューは洗練され、より顧客に刺さるものになっていきます。

デジタル上では 3 秒で伝わるコミュニケーションがカギ

　ウェブサイトの成否は「最初の 3 秒」と言っても過言ではありません。たった 3 秒の間に「このページを閲覧し続けるか、他に移動するか」を判断すると言われているからです。

　だからこそ「最初の 3 秒で何を伝えるのか」が非常に重要になってきます。商品・サービスの特性やターゲットによって、特に大事な要素は変わります。

　「No.1」や「満足度 98.2％」といった実績が信頼感・安心案の醸成に効果的であることは既にご紹介した通りです。

　これに加えて、**BtoB 商材のサイトで重要なのが導入実績**です。「あんな有名な企業も使っているんだ」という安心感・信頼感に繋がります。また導入実績のロゴから「このサービスは製造業向けなんだ」「大手だけでなく中小企業でも使われているらしい」といったことも読み取ることができます。

そのため、BtoB商材を扱うサイトの場合には、少しでも早く導入実績が目に入るように心がけましょう。

C向け商材の時にポイントになるのが、対象者が明確にわかることです。

モノがありふれている今日、例えば「英語を学びたい人すべてをターゲットにした英会話スクール」などは現実的ではありません。「初めて英会話を学ぶ子供」「外資系で英語が求められるビジネスパーソン」「旅行に行きたい人」など小さなセグメントに分けて、特定のセグメントを狙うのが一般的でしょう。

だからこそ、ウェブサイトにおいても**「具体的にどんな人が対象なのか」**が感じられることが重要です。「自分向けだ」と感じられると、引き続きウェブサイトを閲覧してもらえます。

Bizmates（https://www.bizmates.jp/）

　こうしたポイントをしっかり押さえたウェブサイトの一例が、ビジネス特化型オンライン英会話「ビズメイツ」のサイトです。

　サイトを開くとすぐに「実践力が身につくビジネス特化型オンライン英会話」というコピーが目に入ります。また、コピーの背景に流れる動画もオフィスやプレゼンをイメージしたものであり、全体として「ビジネス向け英会話なのだな」ということが伝わります。あえて文字情報を絞ることで、「ビジネス向け英会話」ということだけが強く印象に残ります。

　そしてページを少しスクロールすると、導入実績が目に入ります。ただロゴを並べるだけでなく「大手からベンチャーまで」と言葉で補うことで、「大企業でなくて

も使えそうだな」という印象を与えることに成功しています。

　ちなみに、Bizmates の以前のトップページは、上図のようなものでした。

　このページにも「ビジネス特化型オンライン英会話」という文言が入っていますが、Bizmates という文字の方が目立ってしまっています。

読み込みに時間がかかるウェブサイトは、中身と関係なくNG

　最近では、ウェブサイトの読み込みは「早くて当たり前」です。そのため、読み込みに時間がかかるサイトは、それだけで離脱を招きます。

　Kissmetrics 社の 2017 年のリリースによると、**47%の消費者は 2 秒以内にウェブページが読み込まれることを期待している**とのことでした。約 40% のユーザーは読み込みに 3 秒以上かかるとウェブサイトから離脱してしまい、表示が 1 秒遅れるとコンバージョン率が 7%低下することが明らかになっています。

　表示スピードは、グーグルが提供する「**PageSpeed Insights**（https://pagespeed.web.dev/）」でチェックすることができます。誰でも無料で使うことができ、改善ポイントや対応策の示唆を得ることもできるので、まずは

自社サイトの表示スピードやそのスコアを確認してみましょう。

新規顧客が抱える
６つの不安とその対策

　新規顧客は、申し込みの前に**「６つの不安」**を抱えていると言われます。商材によって多少の差はあるものの、消費者としての体験を思い出してみれば下記それぞれに思い当たることがあるでしょう。

　だからこそ、自分たちにとっては「当たり前」と思えることであっても、目に留まりやすいところに記載しておく必要があります。「キャンセル無料」「無料で相談できる」などは、書いていないと「ここはキャンセルできないんじゃないか」「相談からお金を取られるのでは」と要らぬ不安を与えてしまいます。

　先ほどご紹介したオンライン英会話「Bizmates」は、これらのポイントをトップページで押さえています。「体験レッスン」を用意し「無料である」ということを明記することで、「体験レッスンといいつつお金がかかったらどうしよう」という要らぬ不安を与えないと同時に、「自分にもできるだろうか」「合わなかったらどうしよう」という不安を解消する機会を作っています。

顧客が抱える「6つの不安」

信用不安 （どんなサービス？）	契約不安 （面倒？キャンセルは？）
普遍性不安 （再現性はある？）	**使用不安** （私もできる？）
納品不安 （間に合うかな？）	**保守不安** （アフターケアは？）

当たり前のことでも訴求

初期費用￥0	キャンセル無料
1ヶ月無料お試し	**PCでもスマホでも**
3営業日で対応	**無料で相談できます**

　またECであれば、**商品画像の付近に送料・返品・納期などの情報を集めてしまうのもおすすめです。**消費者は商品画像を中心に検討を進めるため、その近くに情報を配置することで、検討プロセスを中断させることなく、流れの中で情報を提供することができます。例えばAmazonは、商品詳細ページはもちろんのこと、検索結果ページにも送料と納期を表示しています。

紙のような読み心地で、目に優しい
Kindle・Kindle Paperwhite・Kindle Oasis・Kindle Scribe・Kindle 下位モデル

結果

Kindle Paperwhite (8GB) 6.8イン
チディスプレイ 色調整ライト搭
載 広告あり
★★★★☆ 4,311
¥16,980
170ポイント（1%）
明日11月12日までにお届け
通常配送料無料

Kindle Paperwhite シグネチャー
エディション (32GB) 6.8インチデ
ィスプレイ ワイヤレス充電対応 明
るさ自動調節機能つき 広告なし
★★★★★ 2,112
¥21,980
220ポイント（1%）
明日11月12日までにお届け
通常配送料無料

Kindle Paperwhite キッズモデル
16GB エメラルド・フォレスト・カバ
ー
★★★★★ 252
¥19,980
200ポイント（1%）
本日20:00までにお届け
通常配送料無料

Kindle (16GB) 6インチディスプレ
イ 電子書籍リーダー ブラック 広
告あり
★★★★☆ 1,142
¥12,980
130ポイント（1%）
本日20:00までにお届け
通常配送料無料

Kindle Oasis 色調節ライト搭載
wifi 32GB 広告なし 電子書籍リー
ダー
★★★★☆ 2,630
¥34,980
350ポイント（1%）
明日11月12日までにお届け
通常配送料無料

Amazon（https://www.amazon.co.jp/）

　そして Kindle の商品ページに入れば、次頁のような
「よくある質問」も用意されています。
　「わざわざ Kindle を買わなくても、他のタブレット
端末でも違いはないのでは」「Kindle Unlimited も契約
しなければならないのだろうか」といった疑問に対応
Q&A 形式で見せることで、商品を検討しながら疑問を
解消できる工夫です。
　Q&A は、このような「言われれば気になる」「個別論
点になってしまうけど伝えておきたい」という情報と非
常に相性が良い手法です。

よくある質問

1. Kindleのディスプレイと、他のタブレット端末等のディスプレイとのちがいは何ですか？
Kindleのディスプレイ設計は、長時間の読書に最適化されています。モノクロの、光の反射を抑えた画面は、屋外や、暗い場所での読書にも最適で、まるで本物の紙のような読み心地を再現します。電池は、最大4週間持続します。特徴として、前に表示していた文字や画像が残像のように残ることや、それらを取り除くために画面が一時的に点滅することがありますが、製品品質に問題はありません。

2. Kindle Unlimitedの会員登録が必要ですか？
いいえ。Kindle Unlimitedの会員登録をしなくても、AmazonのKindle本（電子書籍）ストアから購入した本をKindleデバイス上で読むことが可能です。また、青空文庫などの無料の本をお楽しみ頂くこともできます。

3. どのように初期設定をすればよいですか？
Kindleデバイス本体を使った設定方法と、スマートフォンのKindleアプリ（iOSまたはAndroid）を使用した方法の2通りがあります。

①Kindleデバイス本体を使用する場合は、電源を入れた後、画面に表示される指示に従って初期設定を実施して下さい。
②スマートフォンをご使用の場合は、Kindleデバイスの設定開始前に、スマートフォンのKindleアプリ内「その他」→「設定」画面から、「Amazon端末のシンプルな設定」を有効にしてください。
または、Amazon.co.jpでのご購入時に、「カートに入れる」ボタンの下部「デバイスをAmazonアカウントにリンクする（簡単セットアップ）」のチェックボックスを有効にして購入すれば、自動的にAmazonアカウントとリンクした状態で出荷されます。この場合は、上の①または②の初期設定が不要で、Kindleをすぐにお楽しみ頂けます。

Amazon（https://www.amazon.co.jp/gp/product/ B09SWTXTNV）

体験談や導入実績は 常にアップデートせよ

体験談は、消費者の目線に立ったベネフィットを、リアリティをもって伝えることができる効果的なコンテンツです。 サービス提供者が「子供が勉強を好きになります」と書くのと、体験談の中で「子供が自分から机に向かうようになりました」と書かれているのでは、説得力が異なります。

そのため、体験談をきちんと掲載するだけでなく、取り上げる体験談も戦略的に選ぶ必要があります。特に自

社サービスの特長が変わったり、競合のマーケティングメッセージが変わったりした時には、それを踏まえて体験談を見直しましょう。

＞ RISU算数の評判・口コミを見る

RISU（https://www.risu-japan.com/）

　BtoB にとっての体験談が、**導入実績**です。ロゴだけでなく、導入企業のコメントや使い方などがあれば更に効果的です。ロゴ掲載や導入実績コメントの依頼をするのは手間だと感じるかもしれませんが、ぜひ積極的に掲載を目指しましょう。

　中には、契約書の雛形に「サービス契約をしたらロゴ掲載を許可したものとする」といった一文を入れていたり、値引きする代わりに「導入実績としてロゴの掲載を許可し、また事例インタビューにも応じる」という条件を出したりしている BtoB 企業もあるようです。

日経スマートクリップ（https://telecom.nikkei.co.jp/
guide/relevance/smart/）

「出口」となるカートは、
とにかく入力負荷を少なくする

　カート設計において何より重要なのは、**「入力負荷が少ないこと」**。Amazon の 1-Click 購入などはその最たるものです。

　そのためにも、不必要な情報まで要求しないようにくれぐれも気を付けましょう。例えば BtoB のフォームの場合、氏名・企業名・部署名・メールアドレス・電話番号などは必要でしょうが、昨今、勤務先住所などは必要ないでしょう。また「どこで弊社のサービスを知りましたか」といったアンケート項目についても、申し込み数を減らしてまで聞きたいことなのか再検討してください。

　また、入力負荷を軽減できる補助機能には、積極的に対応するようにしましょう。

　例えば、漢字の名前を入力したらフリガナも自動で予測入力される機能は便利です。郵便番号を入力したら住所が自動で入力されるのは、今や「当たり前」と言えるレベルです。また最近では、スマホに住所やメールアドレス、クレジットカード情報などを覚えさせている人が多いため、スマホの自動入力に対応できるようにしておくのも大事です。

カートには、その他にも「お作法」と言えるレベルの基本ルールがあります。以下のチェックリストを確認してみましょう。

〈押さえておきたい！　カートの基本ルール〉
☑ 項目数が必要最低限である
☑ 入力欄を過剰に分割しない（氏名、電話番号など）

- ☑ 入力ミスを自動で訂正する（全角半角の自動変換、不要なスペースの自動削除など）
- ☑ 入力例を、入力中も確認できる形で表示しておく
- ☑ エラーのフィードバックは、できるだけ早く（入力直後にわかるのがベスト）
- ☑ エラー箇所がわかりやすい（当該箇所の近くにエラーアイコンが出る等）
- ☑ 次に進むボタンが、目立つ色になっている
- ☑ 必要な項目が埋まるまでは、次に進むボタンが押せないようになっている
- ☑ 複数ページにわたるフォームの場合、ステップが明示されている
- ☑ リセットボタンや不要なリンクが置かれていない

比較サイトやインフルエンサーにアプローチする

　自社サイトを改善する方向性が固まってきたら、「比較」フェーズに対する改善も進めます。

　第3章の分析や第4章での行動調査で、自社サイトへの流入元になっている（もしくはなりえる）ページも見えてきているはずです。価格.comのような比較サイトなのか、インスタグラムやYouTubeのインフルエンサーなのか。あるいはブロガー、アフィリエイターなのか。

　消費者が比較を行うフェーズで、自社に有利な情報が掲載されれば、自社サイトに来る顧客を増やすことができるのは当然ですね。

　そうやって見当を付けたサイトや個人に対して地道にアプローチすることになるわけですが、その前に必ずやっておいていただきたいことがあります。

　それは、「メディアキット」（「プレスキット」とも言います）を作ること。

　メディアキットがあると、自社製品やサービスについて説明するのがとても容易になります。

　例えば、ブロガーに広告記事を書いてもらいたいとしましょう。

　ブロガーからしてみると、「××円、払いますから、うちのサービスについて記事を書いてください」といきなり言われても困りますよね。

　大して興味がないサービスも一から調べるのは、億劫じゃないですか。しかし、メディアキットに特徴や比較表がまとまっていれば、ブロガーとしても記事を書きやすくなります。

比較サイト、
アフィリエイターとの交渉の注意点

　一口に比較サイトやアフィリエイターといっても、その規模はさまざまです。「価格.com」や「mybest」のような大手サイトもあれば、「ちょっとしたお小遣い稼ぎ」という感覚で運営されているサイトもあります。

　大手サイトの場合、「どの商品・サービスを、どのように取り上げるのか」まで含めて、ビジネスとして定型化されている可能性が高いです。そのため「競合よりも目立つように紹介してほしい」といった交渉も、発注額や発注期間といった「条件面」での交渉が中心になるでしょう。

　それに対して、個人で運営しているアフィリエイトサイトの場合、条件面に加えて「条件や要望が明確であること」「内容や表現に関するルールが厳しすぎないこと」「取り上げやすいこと」も重要です。個人で運営しているからこそ、アフィリエイト要綱や商品情報を読み込む時間にも限りがあります。「どういう条件で、いつお金が支払われるのか」「禁止事項は何なのか」「商品・サービスの特長や強みはどこなのか」が明確だと、アフィリエイターとしては取り上げやすいでしょう。この際に役立つのが、次頁で紹介するメディアキットです。

メディアキットがあれば、記事にされやすい

メディアキットは「もっと多くの人に商品・サービスを知ってもらいたい」と思っている企業にとって、非常に重要です。比較サイトやアフィリエイトサイトで取り上げてもらいやすくなるだけでなく、自社商品・サービスの魅力を最大限伝えてもらうことにも繋がります。

またメディアキットやプレスリリースをうまく活用すれば、比較サイトやアフィリエイトサイトだけでなく、ニュースサイトなど一般のメディアに取り上げられる可能性も上がるでしょう。

メディアキットには、以下のような情報・画像をきちんと含めるようにしましょう。

・企業概要・問い合わせ先
・企業やサービス・商品の概要
・記事作成をサポートするもの
・サービス・商品の紹介文・特長・比較表などの情報
・ロゴ、商品やサービスの画像、自社サイトトップページの画像など画像素材
・経営者の経歴
・メディア掲載実績、受賞歴
・【アフィリエイター向けメディアキット限定】アフィ

リエイト条件・ルール（報酬発生条件、支払いターム など）

特にアフィリエイター向けのメディアキットを用意する時には、「アフィリエイターに特長や強みがわかりやすいように」「アフィリエイターが手間なく記事を書けるように」という点を意識すると良いでしょう。

ただし、特に「個人の体験談が書かれている（ように見える）サイト」に掲載してもらいたい場合、「どのサイトを見ても同じ情報が載っている」とならないように注意が必要です。そうしたサイトを読む人は「リアルな感想はどうなんだろう？」という点が気になっているからです。

そんな時、どのサイトにも「いかにもスタジオで撮った写真」ばかりが載っていたら、読んでいる人は興味を失ってしまうリスクがあります。

そのような場合には「商品を送付するから、写真は自宅で撮ってほしい」など、アフィリエイターの負担を減らしつつ、きちんとリクエストを伝えるようにしましょう。

アイデアを A/B テストで事前検証する

A/B テストは、特にランディングページの改善で使われる、昔から使われてきた手法です。「昔から使われてきた」というとネガティブな印象を持たれるかもしれませんが、廃れることなく使われ続けてきた、わかりやすい結果が得られる手法です。

この手法は、さまざまなところで役に立ちます。例えばサービスのキーメッセージの有効性を確認したいのであれば、広告バナーを2種類作って、それぞれに対する反応や獲得効率を検証することもできます。

もっと簡易に行いたいのであれば、自社顧客向けメルマガを使い、半数は A バージョン、半数は B バージョンを送ってみれば、効果の差を確認することができます。

余談ですが、A/B テストは「一対一で比較できるもの」でないと役に立ちにくいことも覚えておきましょう。例えばキーメッセージも、色味も、体験談も、UI もすべてが異なる A と B で検証してしまうと、何が効果的だったのかわかりません。「A のキーメッセージと体験談、B の色味と UI が有効だったが、結果として申し込み数は同じくらいになってしまった」というケースもあり得るのです。

顧客を深掘りして、
自社商品の見せ方を考える

ビズメイツ株式会社
ランゲージソリューション事業部 マーケティンググループ
マネジャー
西川貴規氏

「ビジネス特化型」を謳うオンライン英会話サービスの
Bizmates。マーケティンググループ マネジャーの西川貴規氏は、
上級者から初級者まで顧客層を深掘りし、それぞれのニーズを的
確に捉えた施策を打ち出している。

顧客はサービスのどこに
魅力を感じているのか

——Bizmates の強みはどんなところにあると思いますか？

　英会話講師としてビジネス経験者だけを採用しており、ここは
他社に真似できない差別化ポイントでしょう。サイトでも、講師
がビジネスの資格やキャリアを持っていることを強くアピールし
ています。

——Bizmates では、顧客層をどのように捉えて施策を打って
いるのでしょうか？

まず重要なのは、現在利用しているユーザーが Bizmates のどんな点に魅力を感じているのかを理解し、それをなくさないようにすることですが、それだけだと新規ユーザーを獲得できません。そこで新規ユーザーも惹き付けるようにもする必要があるわけですが、実は以前リニューアルした際にはこの点でミスをしてしまいました。

――――どんなミスだったのでしょう？

　Bizmates は「ビジネス英会話」を前面に出していますが、以前のリニューアルでは「あなたに寄り添う英会話」というニュアンスで訴求を図りました。「仕事で英会話を使いたいけど、難しそうだから自分にはまだ早いのではないか」、そんな風に考えている層を獲りたいと考えたからです。

　しかし、リニューアルによって、これまで獲得できていた顧客層が獲得できなくなってしまったのです。お試しの無料会員登録数は微減でしたが、そこから有料会員になることが大幅に減ってしまいました。

　それまで Bizmates に入会したユーザーはビジネスに特化した英会話を求めていた方々でした。ところがリニューアルによって、ビジネス英会話を真剣にやりたい方には刺さらなくなり、一方、ソフトな雰囲気に惹かれてやって来た方はカリキュラムが真剣すぎて引いてしまったと考えられます。サービスに入会する際の決め手になっていた部分をリニューアルによって削いでしまったわけです。

　そこで顧客をもっと深掘りして、さらにリニューアルを行いました。

顧客層を分解して、解像度を上げる

───どんな風に顧客層を分解していくのですか？

　Bizmates の場合、最初にユーザーのレベル診断を行っています。通常のマーケットであれば初級者が最も多く、上級者になるほど減っていくピラミッド型の分布図を描くはずですが、Bizmates ではこれが逆になっている。潜在顧客として多いはずの初級者、中級者に関する解像度を高めてどうアプローチするかは、常に課題としてあります。

　この「レベル」という軸に加えて、「緊急度」という軸でも、ユーザーを見ていきます。例えば、「ビジネス英会話」というキーワードで検索する人は、英語のレベルがどうであれ緊急度が高いから、ニーズが圧倒的に強い。一方、「オンライン英会話」だと、「仕事で切実に英語が必要な人」から「旅先でちょっと英語が話せたらいいなという人」まで含まれる。後者については、より細かくパターン分けして、それぞれに刺さる内容にする必要があってここが非常に難しいところです。

───狙うユーザーによって競合も変わってきますね。

　「ビジネス英会話」で検索するユーザーの場合、大手のビジネス英会話スクールと比較されることが多いのですが、これに関して弊社は有利なポジションを取れています。授業料が圧倒的に安く、毎日できるという強みがありますから。

ところが「オンライン英会話」となると、「低価格・毎日」では差別化できません。「ビジネス向け」をアピールして、2倍払ってでもやりたくなるかどうかがポイントになってきます。

ランディングページだけでなく、プロダクト自体の見せ方も変える

───施策としてどのようなことを行っているのでしょう？

　ランディングページのクリエイティブだけでなく、最近では初心者向けパッケージを打ち出すといった、プロダクト側からのアプローチも強化しています。プロダクト自体は従来レベル0から5まであったレッスンのうち、レベル1を強制的に受講していただくというものです。このパッケージを「初心者は、2ヶ月で最低限この文法と単語をまず学びましょう」という切り口で見せる。こうすることによって、初心者も安心して受講していただくことができ、有料会員の増加に繋がっています。

　プロダクトの見せ方を変えて、ランディングページもそれに応じて変える。こうした施策による手応えは感じています。

───プロダクト側の見せ方を変えるのは、会社としてもけっこう大変ですね。

　サイトの構造自体を変えるのは時間とリソースがかかるので、最初はなるべく簡易に実装できるようにしており、Googleフォームなどを使って対応したりしています。それで効果が出たら、サ

イトの機能として作り込むわけです。

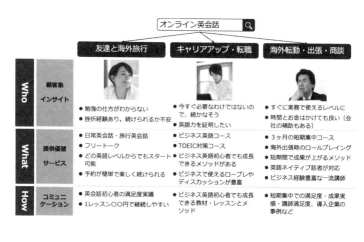

──ユーザーの調査はどのように行っているのでしょう？

　仮説を立てて大きめの施策を打とうという時には、ユーザーインタビューをできるだけ行うように心がけています。先に挙げた初中級者向けの施策を行う時にもユーザーインタビューを行いました。

　他の例としては、休会した後で再開するユーザーにもインタビューしました。再開するユーザーにもいくつかパターンがあって、一度だけ再開する人と、4、5回くらい休止と再開を繰り返す人がいるのです。前者と後者についてインタビューし、傾向の違いやどういったきっかけで再開するのかなどを分析。再開しやすいサイトはどうあるべきかを考えるのに活用しています。

──初級者など、新規の顧客層を開拓する場合には、どのように調査を行うのでしょうか？

大きく分けて2つあります。1つは、2年以上利用されていて、すでにレッスンを1000回受けているようなロイヤルカスタマーを対象とした調査です。こうしたユーザーに対して、Bizmatesのどこに魅力を感じているのかを尋ねます。

　もう1つは、他社サービスを利用していて、Bizmatesを利用していない方。そうした方々が自覚している英会話レベルやビジネス英会話に対するイメージ、なぜ他社を選んだのか、検討時にBizmatesが選択肢に入っていたのかどうかといったことを探ります。

　もちろん、たいていの人は選択理由をきちんと言語化しているわけではありませんし、質問への回答だけが選択理由でもないです。また、人によってはそもそもビジネス英会話というジャンルがあることを知らないこともあります。

　だいたい1時間くらいインタビューするのですが、その人が英会話学習に対して考えているすべてを聞けるわけではありません。なので、仮説を立てて聞きたいテーマを絞り、そこをとことん聞くようにしています。そうすることで、自分たちが知らなかったユーザーさんの独自の使い方や、共通して感じている良さがちょっとずつ見えてきます。

　今の時代、サイトを改善すればホームランが打てるということはないと思うので、小さな改善を積み重ねていくことが大事です。ユーザーは単一の傾向ではないので、どんなタイプのユーザーがいるのかを理解して、それぞれの解像度を高めていかないと、大事にすべきところと挑戦すべきところが見えてこないと思います。

第 **6** 章

デジタル広告を攻略する

ディスプレイ広告に
手間暇掛けても無駄！

　顧客を「入口」まで連れてくる上で、重要な役割を担っているのがオンライン広告です。オンライン広告のノウハウに特化した解説書も数多く出版されていますが、本書ではマーケティングを行う上で絶対に押さえておくべき最低限のポイントに絞って説明することにします。

　オンライン広告には、リスティング広告（検索連動型広告）、ディスプレイ広告、SNS広告、アフィリエイト広告などがあり、それぞれ狙うべき顧客層も異なります。広告の種類と顧客層を分類したのが、次の図です。

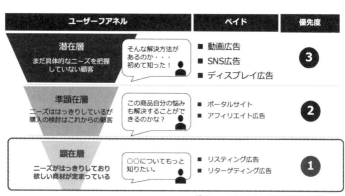

　図を見ていただくとわかりますが、顧客の獲得効率が最もよいのが「顕在層」、すでに悩みを自覚していて、

それを解決したがっている人たちです。この層に対して最も刺さるのが「検索連動型広告」、つまり検索エンジンでの検索結果の上部に表示される広告になります。

各種サイトの広告枠に表示されるディスプレイ広告（これもバナー広告やテキスト広告に分かれます）については、検索連動型広告の最適化を行ってから手を付けるので十分です。ほとんどの会社について言えば、**「ディスプレイ広告に手間暇を掛けても無駄！」**と言い切ってしまいましょう。

顕在層を狙う手段としては広告の他に、SEO（Search Engine Optimization）もあります。SEOというのは、自社サイトが検索エンジンで上位に表示されるようコンテンツ作りを工夫する手法ですが、効果を上げるためには専門的な知識が求められますから、他の改善施策をやり切ってからでよいでしょう。

広告に関して行うべきは、検索連動型広告一択。いかにして、検索連動型広告から自社サイトのコンテンツやランディングページに誘導して成果を挙げるか、それに注力してください。

検索連動型広告はユーザーがクリックするたびに課金されるようになっており、その値段や掲載順位は広告ランクによって変わってきます。検索エンジンで検索されるキーワードとの関連性などによって広告ランクが算出され、そのキーワードに対して大勢の広告主が入札する仕組みです。

最低限押さえておくべき
デジタル広告用語

　デジタル広告には専門用語が多く、初めのうちは混乱することも多いでしょう。しかし安心してください。全部理解する必要はありません。一部の専門用語は非常にテクニカルなものなので、代理店に任せておいても問題ありません。ただし、以下の4つの用語だけは、事業会社も理解しておくと良いでしょう。そうすることで「この広告施策で良いのか」「意味がある施策なのか」が判断できるようになります。

・IMP（Impression/ インプレッション数）…広告が表示される回数。広告をクリックする人だけでなく、クリックしない人もカウントされる

・CV（Conversion/ コンバージョン数）…LP（ランディングページ）やウェブサイト経由のゴール達成数。ECの場合には購入、消費者向けサービスの場合には申し込み、ビジネスの場合には資料請求やお問い合わせなど

・CVR（Conversion Rate/ コンバージョン率）…LP やウェブサイトに来訪した人のうち、コンバージョンした人の割合。CVR が高いということは、集客がうまくいっている（購買意欲が高い人を上手に連れてきている）か、あるいは接客に成功している（サイト内で商品やサービスをうまくアピールできている）と考えられる

・CPA（Cost Per Acquisition/ 獲得単価）…コンバージョン1件当たりの広告費用。CPA が高いということは、1件当たりの獲得にお金がかかっているということなので、効率が悪いということ

　この4つを理解しウォッチしておけば、ひとまず広告やその成果・コストをマネージできるでしょう。なお本書では割愛しますが、自分で実務まで担う場合には「キーワードとクエリの違い」「CPC（クリック単価）」 といった概念までは理解しておくことをおすすめします。

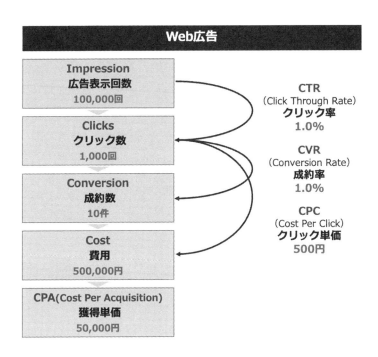

Web広告

Impression 広告表示回数 100,000回		CTR (Click Through Rate) クリック率 1.0%
Clicks クリック数 1,000回		CVR (Conversion Rate) 成約率 1.0%
Conversion 成約数 10件		CPC (Cost Per Click) クリック単価 500円
Cost 費用 500,000円		
CPA(Cost Per Acquisition) 獲得単価 50,000円		

成約に繋がっている広告はどれか

　検索連動型広告の各指標を漫然と見ていても打ち手は見えてきません。

　「先月より成約が××パーセント上がった」、「××パーセント下がった」と一喜一憂せず、どのようなキーワードがコンバージョンに繋がっているのかをマトリックスで整理しましょう。そのために特別なツールは必要なく、「Google Analytics」と広告運用ツールで十分です。「MAT（Marketing Automation Tool）」のようにご大層なツールを入れても、たいていの企業では使いこなせていないのが実情です。

　まず分けるのは、「自社を指名している」か否か。

次に、コンバージョンにどの程度近いかで分けます。

例えば社会人向けオンライン英会話の例で考えてみましょう。「英語　挨拶」の中には、「とりあえずメールの書き出しがわかればよい」としか考えておらず、英語を勉強する意欲すらない人も含まれているでしょう。それに対して「ビジネス英会話　比較」というキーワードで検索している人なら、おそらくは社会人でしょうし、「どれが良いだろう」とかなり真剣に検討していることがうかがわれます。

「英語　挨拶」で検索している人の数は多いかもしれませんが、そのうち、社会人向けのオンライン英会話に申し込む見込みがある人はごく僅かです。それよりも「コンバージョンに近い」と予想される「ビジネス英会話　比較」といったキーワードの人から獲得していった方が効率が良いでしょう。

検索連動型広告を攻略する

顧客がどのようなキーワードで自社サイトにやって来ているのかを把握できたところで改善施策を行っていくわけですが、目指すべきゴールによって施策は大きく変わってきます。

代表的なゴールは2つあり、1つはコンバージョン数を上げること。もう1つは、獲得単価を抑えることです。

コンバージョン数がよくない時、その理由はいくつか考えられます。たんに広告が表示されていないこともあれば、獲得したい顧客像と広告のキーワードがかけ離れているということもあります。女子中学生に刺さるキーワードを入札しているのに、広告文が中年男性向けではまったくクリックしてもらえないでしょう。あるいは、顧客は広告をクリックしてサイトまではやって来ているのに、求める情報がサイト上になくて離脱しているパターンもありえます。その場合には、広告ではなく、サイト上のコンテンツやランディングページを直す必要があります。

一方、獲得単価（CPA）を抑えたいのであれば、CVRを上げるか、CPCを抑えることになります。CPCを抑えるためにはコンバージョンに繋がらない無駄なキーワードを除外するといった作業が必要になるでしょう。

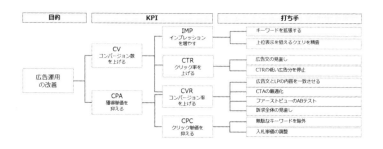

コンバージョンを上げるための施策

コンバージョン数（＝申し込み数）は、インプレッション（＝広告表示回数）× CTR（広告のクリック率）× コンバージョン率（＝サイトに来た人の申し込み率）で決まります。広告のクリック率はテクニカルな側面が大きく代理店に任せておけばよいので、事業会社はインプレッションとコンバージョン率を上げることに注力すると良いでしょう。

コンバージョン数

＝インプレッション数 × CTR（広告クリック率） × **コンバージョン率**
※代理店に任せてOK

潜在層
まだ具体的なニーズを把握していない顧客

そんな解決方法があるのか・・・初めて知った！

準顕在層
ニーズははっきりしているが購入の検討はこれからの顧客

この商品自分の悩みも解決することができるのかな？

顕在層
ニーズがはっきりしており欲しい商材が定まっている

○○についてもっと知りたい。

インプレッションを増やすには、①新しいキーワードでの獲得を目指すか、②既存のキーワードから改善が見込めるものを選ぶか、この2つの選択肢から考えていくことになります。

　この時にまず注目したいのが、先ほどご紹介した「コンバージョンに近い」キーワードです。顕在層と呼ばれることもあります。

　一般に顕在層の方が獲得しやすいので、まずは顕在層向けのキーワードに伸びしろがないかを確認してみましょう。対応できていないキーワード、上位表示ができそうなキーワードがあれば、まずはそこから手を付けるのがおすすめです。

　またコンバージョン率を上げるためには、文脈を意識しましょう。文脈が決まれば、広告文の内容、ファーストビューで出すべき内容、効果的なCTA（行動喚起）文言も決まります。

　例えば「英会話」「オンライン英会話」「○○英会話（ブランド名）」では、気になっている内容が異なるので、それに合わせてファーストビューや続く訴求が変わってきます。それぞれに合わせた内容を用意することで、申し込み率は大きく向上するでしょう。

　また文脈の中でも「○○英会話　XX校」など、店舗名との掛け合わせは伸びしろが大きいポイントです。この場合、英会話全体のサービスだけでなく、校舎の場所、営業時間・時間割など、店舗固有の情報が気になっていることが予想されます。こうした情報は漏らさずに記載するのが大前提です。

その上で、もう一歩踏み込んだ魅力付けができないか検討すると良いでしょう。アクセスや営業時間だけ見て離脱させるのでなく、自社の強みが目に入るような情報設計をするのがおすすめです。

獲得単価を抑えるための施策

広告運用の改善とは、突き詰めれば「コンバージョン数（＝申し込み数）を上げる」「1申し込み当たりの広告予算（CPA）を抑える」の2つです。「コンバージョン数（＝申込数）を上げる」方法は既にご紹介しました。

もう1つの「1申し込み当たりの広告予算（CPA）を抑える」についてですが、CPAとは「広告予算総額÷コンバージョン数」なので、予算に合わない広告、申し込みに繋がらない広告を削減していくことです。

CPA（獲得単価） ＝ **広告総額数** × <u>コンバージョン数</u>

施策例：
・ 上限入札単価をセットする
・ 非効率なキーワードを除外する

上述のTips参照

まず確認したいのは、上限入札単価です。検索広告は基本的にオークション形式なので、上限入札単価を下げれば、それ以上の金額では入札されません。上限入札単価は広告管理画面で簡単に設定することができるので、

まずは上限設定がされているかどうかを確認するところから始めると良いでしょう。

　ただし上限入札単価を下げすぎると、コンバージョンに繋がりやすいキーワードでも広告が表示されなくなる可能性があります。コンバージョン数が大きく下がるリスクもあるため、数字を少しずつ変えて、微調整を繰り返して行くと良いでしょう。

　またコンバージョンに繋がりにくいキーワードにまで出稿していないか、キーワードごとの成果の見直しも有効でしょう。広告を運用していると「コンバージョンには繋がりにくいキーワード」が見えてきます。場合によっては、広告や商品とあまり関係のないキーワードが含まれているケースもあるでしょう。そういう場合は広告管理画面の「除外キーワード」機能を使い、不適切なキーワードを除外してしまいましょう。

重要なのは「事業会社が手綱を握る」こと

　インターネット広告の世界には、次々と新しい商品が出てきます。専門家以外が細かな手法や設定のキャッチアップをし続けるのは現実的ではないでしょう。事業会社に求められるのは、広告代理店の提案の意味を適切に理解し、それが成果に繋がっているのかを見極めること

です。

　「そんな当たり前のこと」と思われるかもしれません。しかし事業会社の方とお話をしていると、以下のような広告運用に対して、まったく疑問を持っていない人も多いのです。

× SNS 広告では「いいね数」を重要な KPI にしている
×広告の「ブランドリフト（広告接触前後での認知や好
　感度の変化）」調査は、CV 数や CVR と同じくらい重
　要な数字だ
×インターネット広告はリスティング、SNS、スポン
　サード記事など、ポートフォリオを意識して運用すべ
　きである

　どれも「決定的に間違っている」という訳ではありません。しかし、インターネット広告において「最初に手を付けるべきポイント」からは程遠いです。

　SNS のいいね数よりも、ブランドリフトの数値よりも、まずはコンバージョン数やコンバージョン率が上がっているかどうかを注視しましょう。なぜなら「いいね」を何件集めても、ブランドリフトスコアがどれほど向上しても、それが売上に繋がらなければ意味がないからです。

　SNS やブランドリフトのことを考えるのは、「もうサ

イト改善やリスティング広告は伸びしろがない」「顕在層は取りつくした」となってからでも遅くないでしょう。SNS でブランドやサービスすら認知していない潜在層にアプローチするよりも、まずはニーズが顕在化している人から獲得していく方が効率的だからです。

　広告代理店からは「もうリスティングは限界ですよ」「SNS 広告もやりませんか」「広告もポートフォリオを組むのが大事です」といった提案が来るでしょう。その言葉を鵜呑みにせず、売上貢献を軸に判断することを心がけましょう。

COLUMN 広告トラッキング禁止で マーケティングはどうなる？

　2021年4月、Apple は「アプリのトラッキング透明性（ATT、App Tracking Transparency）」という新ルールを導入し、ネット広告業界には激震が走りました。この ATT とは、**ターゲティング広告を配信する際に必要となる情報をアプリが取得する場合、ユーザーの許諾を必ず取るようにするというもの。**しかし「広告配信のためにアプリやサイトでの行動を追跡してもいいか」と聞かれたら、たいていのユーザーは許可しないでしょう。

　Apple の ATT に限らず、ユーザーのプライバシーを保護しようという動きがネット業界全体で進んでいます。例えば、ウェブブラウザには、ユーザーの閲覧したサイトに関する情報を保存する「Cookie（クッキー）」という仕組みが備わっており、ネット広告ではこの Cookie を利用してユーザーの行動を追跡していました。しかし、Google は自社のウェブブラウザ「Chrome」で、ユーザーの行動を追跡するために Cookie を使えなくする方針を打ち出しました。

　では、このようなプライバシー保護の流れは、ネットにおけるマーケティングにどのような影響を与えるでしょうか。SNS を運営するプラットフォーム企業の売上が低下するといった影響は出ていますが、本書で解説

している内容に影響はないと言えます。

　プラットフォーム企業によるプライバシー保護の主眼は、あくまでもユーザーが個人として特定されないようにすることにあります。Google は Cookie による行動追跡を取りやめますが、代わりに「プライバシーサンドボックス」という仕組みを導入。個人レベルではなく、特定カテゴリーの製品などについて関心を示した「集団」について、広告のターゲットを絞れるようにしました。

　今後プライバシー保護がさらに厳しくなっていったとしても、**Google トレンドや競合分析ツールなどで得られる情報については現在とほとんど変化はないはずです。**

　Apple の ATT によって、iOS と Android では取得できるデータに食い違いが出るといったことも起こっていますが、少なくとも企業のマーケティング担当者が心配するようなことはありません。それこそ、iOS とAndroid の違いによって、レコメンドを細かく変えたりキャンペーンを出し分けたりするというのなら、影響はあるかもしれませんが、そこまで詳細なマーケティング施策を行っている企業は見たことがありません。あまりにも細かなデータを見ようとしたところで、担当者が疲弊するだけです。

　企業がアクションを取るために必要なのは、もっとざっくりしたデータで十分。ほとんどの人はそんなざっくりしたデータですら活用していないのですから。

ビジネスパーソンは、AIと
どう付き合っていくべきか?

株式会社 ELYZA
西脇純平氏

2022 年に登場した ChatGPT は、世界的に注目を集め、ホワイトカラーの職を奪うのではないかという議論も起こっている。今後、我々は AI とどのように付き合っていくべきか。

大規模言語モデル活用には、
2 つの方向性がある

———ChatGPT など、大規模言語モデル (LLM：Large Language Model) で構築された AI を業務で活用しようという動きが進んでいます。企業は、ChatGPT などの AI をどのように活用していくのがよいのでしょうか?

まず、企業における LLM ベースの AI 活用については、「"横"活動」と「"縦"活動」という、大きく 2 つの方向があると考えています。

"横"活動というのは、利用者を 1 人でも増やし、さまざまなシーンで Excel のようなツールとして使ってもらおうという方向です。

一方の "縦" 活動は、特定重要業務の課題解決を目指すという

もの。仮に、1000人のスタッフが働くコールセンターに組織的にAIを導入して、1人当たりの問い合わせ処理時間を1分短縮できれば、1000分の時間を削減できることになります。

　例えばマーケティングという職種は、定型的な業務よりも、個々人のクリエイティビティを伸ばす方が成果につながる類だと思います。先に挙げたAI活用の分類で言えば、まずは"横"活動ということになります。そういう意味で、マーケターの方々は、AIをExcelのように使いこなしてほしい。LLMベースのAIは、自然言語で指示を与える、いわゆる「プロンプト」を工夫することで優れた出力を行うことができます。マーケターには、ぜひプロンプトエンジニアリングを学んでほしいと思います。

企業のLLM活用の動き

利用者数増を目指す動き、重要業務の課題解決を目指す動きがあります。

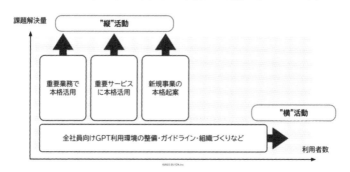

ChatGPTは企画の壁打ちやブレストには向いている

———ChatGPTは、全然使い物にならないという人もいます。

LLM ベースの AI で何ができるのか、見極めが難しいですね。例えば ChatGPT に「うちの会社が持っているデータと SNS のトレンドデータを学ばせて、企画等を作らせたい」と思っても難しい。ChatGPT はあくまでもスムーズな会話ができるように訓練された AI です。こうした特性を理解した上で使うのであれば、便利なツールになります。マーケターなら、企画の壁打ちやブレスト、テキストの評価や修正といった使い方が有効でしょう。

　例えば、ネットの記事コンテンツはタイトル次第でクリックレートが大きく変わってきます。そこで、ChatGPT に記事を読ませて、記事のターゲットや目的などを指定した上で、タイトル候補を挙げさせればいい。書いた記事の読みやすさやトーンの評価、誤字脱字のチェックをさせることもできます。

　私がよくやるのは、企画のブレストですね。

　「来月、製品アップデート情報を伝えるイベントを開催します。しかし、新機能の特長をアピールするだけだと、良いイベントになる気がしません。どうしたら良いですか？　私にアドバイスするために不足している情報があれば、私に質問してください」といった具合に、ChatGPT に相談を持ちかけるのです。

　すると、ChatGPT が「新しい機能により、参加者はどんな体験を得られますか？」とか、「イベントの参加者はどんな課題を抱えていると考えますか？」などと質問してくれますから、これに答えていく。時には、「デモンストレーションだけではなく、ワークショップ形式のセッションも開催するとよいのでは」といった実用的なアイデアを出してくれたりもします。

　ChatGPT にも画像生成機能が備わりましたが、これも便利です。広告のクリエイティブを制作する際に、プロンプトを入力するだけで複数のプロトタイプをすぐに作ることができます。「背

景を青っぽくして、再度作って」などと気軽に言えますからね。画像に関しても、間違えてもいいものを AI に生成させるのは有効です。

　ただ、かっちりとした最終成果物を作らせるのはまだリスクが高いと言えそうです。

仮説の良し悪しを判断するのは人間

——ChatGPT には、"Advanced data analysis" というデータ解析機能が備わっています。売上データなどを与えて、何らかの相関やインサイトを得るといった使い方はどうでしょう？

　実は私も、架空のソーシャルゲームの売上データを作って、ChatGPT にアップし、ユーザーごとの課金状況の違いなどを尋ねてみました。すると「世代別の差はありませんでした」「女性の方がやや平均売上が高いです」といった回答が返ってきますが、解釈は難しい。そこで改めて「一部のユーザーが重課金していて、それが売上を牽引しているのではないですか」と仮説をぶつけてみると、ChatGPT は「その通りです。グラフにするとこうです」と回答してくれます。

　ChatGPT の分析を鵜呑みにすることは、かえって難しいと感じました。きちんと仮説をぶつけた上で、グラフ化させるといった処理をさせるのであればよさそうです。

——仮説を立ててデータを見るという、従来通りのやり方が求められると。

そうですね。出てきたアイデアに価値があるかないのか。それを決めるのは、人間の仕事として永久に残り続けるのではないでしょうか。

　逆に言えば、途中の仮説検証やアイデア出しに関しては、AIでかなりの部分ができるようになるとは思います。

———**ChatGPT などの機能が向上しても、マーケターのような仕事に関しては本質的な部分はあまり変わらないということですか。**

　分野によっては、膨大なデータを握っているプラットフォーム企業が、仮説検証や A/B テストの業務を AI に投げて、全部の施策を機械的に行うようなこともあるかもしれません。そうやって AI が出してきた結果が、多くの人間が真面目に考えたものよりも高い精度を出す可能性はあります。ただ、そうしたやり方が有効なのは、人間側のパフォーマンスがそれほど高くなく、AI の方が平均的によいパフォーマンスを出せるという分野に限られるのではないかという気がします。

　先にも述べたように、マーケティングというのはリテラシーの高い個人のプレイヤーが切磋琢磨する世界なので、AI 任せの手法はあまり有効ではなさそうです。

　今後は "縦" 活動、つまり業務特化型の AI が業務において使われるようになってくるのは間違いありませんが、「何を目的にどんな業務に特化させるのか」といった問題設定こそが人間に求められる重要な役割と言えるでしょう。

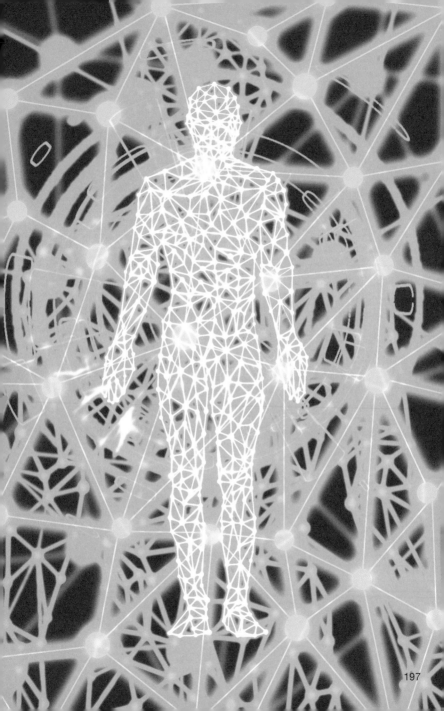

おわりに

　最後まで本書をお読みいただき、大変ありがとうございます。これであなたも立派なデジタル技術の使い手になれたのではないでしょうか？

　第5章、第6章ではやや専門的な部分まで踏み込んで書きましたが、「難しい」と感じた方は後回しにしてくださってかまいません。

　まずは第3章、第4章で述べた正しいデータ収集と分析の活用を行ってください。それだけでもずいぶん違ってくるはずです。

　繰り返しますが、「DX」は目的ではありません。方法論の1つに過ぎないのです。仮説を立て、正しくデータを取り、正しい分析をすれば、あなたの会社が何をすべきかは自然とわかってくるはずです。

　無駄な仕事を増やす必要はないのです。そんな仕事はスパッとやめればいい。それこそが最大の合理化です。

　御社のやるべき仕事が明確になり、業務は簡略化され、売上がどんどん伸びていくことを祈っております。

　本書はさまざまな方のご協力で完成しました。インタビューを快諾いただいた山内秀樹さん、奥田真嘉さん、西川貴規さん、西脇純平さん。編集・図版を助けてくれ

た弊社コンサルティングチームメンバー一同、天野聡美さん、イルマス玲さん。企画アドバイスをいただいたオトバンク会長の上田渉さん。この場を借りて感謝いたします。

　構成・方向性を全面的にプロデュースいただいた亀井史夫さん、執筆をサポートいただいた山路達也さんにも、改めて感謝いたします。

　書くという仕事の難しさ、楽しさを自分自身が教えられた経験でした。

　本書が少しでも疲弊するデジタル現場の救いになれば幸いです。

今木智隆

[著者]

今木智隆（いまき・ともたか）

京都大学出身。2014年まで、株式会社beBit（デジタル分野のコンサルティングファーム）にて事業責任者を務める。DX・デジタルマーケティング支援に特化した「株式会社Media Theater」創業・代表取締役。また、日本とシリコンバレーを拠点にEdTech企業「RISU」を経営。大手金融機関から消費財・インターネット企業まで、幅広い業界へのデジタルマーケティング支援を経験。デジタルマーケティングにとどまらず、事業レイヤーに踏み込んだコンサルティングを得意とする。

DX沼からの脱出大作戦

2024年2月27日　第1刷発行

著　者——今木智隆
発行所——ダイヤモンド社
　　　　　〒150-8409　東京都渋谷区神宮前6-12-17
　　　　　https://www.diamond.co.jp/
　　　　　電話／03·5778·7233（編集）　03·5778·7240（販売）

構成————山路達也
装丁·本文デザイン—別府 拓（Q.design）
イラスト——ぷーたく
DTP————G.B. Design House
校正————鴎来堂
製作進行——ダイヤモンド・グラフィック社
印刷————信毎書籍印刷（本文）·新藤慶昌堂（カバー）
製本————ブックアート
編集担当——亀井史夫（kamei@diamond.co.jp）